U0691540

高校教育质量评价与学生工作管理研究

廖玉婷　著

北方联合出版传媒（集团）股份有限公司

万卷出版有限责任公司

图书在版编目(CIP)数据

高校教育质量评价与学生工作管理研究/廖玉婷著
.--沈阳:万卷出版有限责任公司,2023.8
ISBN 978-7-5470-6287-6

Ⅰ.①高… Ⅱ.①廖… Ⅲ.①高等学校－教学质量－
质量评价－研究－中国②高等学校－学生工作－研究－中
国 Ⅳ.①G642.0②G645.5

中国国家版本馆 CIP 数据核字(2023)第 108425 号

出版发行:北方联合出版传媒(集团)股份有限公司
　　　　　万卷出版有限责任公司
　　　　　(地址:沈阳市和平区十一纬路 29 号　邮编:110003)
印　刷　者:辽宁鼎籍数码科技有限公司
经　销　者:全国新华书店
幅面尺寸:185mm×260mm
字　　数:220 千字
印　　张:9
出版时间:2024 年 1 月第 1 版
印刷时间:2024 年 1 月第 1 次印刷
责任编辑:刘书吟
责任校对:张　莹
装帧设计:马静静
ISBN 978-7-5470-6287-6
定　　价:49.80 元
联系电话:024－23284090
邮购热线:024－23284448

常年法律顾问:王　伟　版权所有　侵权必究　举报电话:024－23284090
如有印装质量问题,请与印刷厂联系。　　　　　联系电话:024－85908302

前　言

　　当今世界已经进入了全球化深入发展的时代。高校教育也正以前所未有的深度和广度融入全球化的浪潮中。全球化正对高校教育管理的方方面面产生着深刻的影响。全球化背景既给中国高校教育管理发展带来了机遇与挑战,也为中国高校教育质量提升带来了新的契机。构建具有中国特色的高校教育质量评价体系,有利于提高高校教育质量,推动高等教育发展。

　　从高校教育面临的责任和使命看,提高质量是高校教育的生命线。高校发展的根本目的是培养人才,是创新、创造,是引领时代科技发展的先锋。高校教育应站在国家和民族未来发展的高度,坚持把质量摆在突出位置。高校教育的规模发展固然重要,但有质量的高校教育对国家和社会发展更为重要。

　　本书属于高校教育质量评价与学生工作管理方面的著作,本书主要介绍高校教育质量评价的内涵、特征与维度、评价方法和量化技术,重点论述了管理质量评价方法、教学质量评价方法、学习质量评价方法、心理质量素质评价方法等,并从高校学生工作管理的内涵及原则出发,针对就业与创业指导工作、安全教育与危机应对、奖励与资助工作等方面详细论述了高校学生工作管理的具体内容,通过以上分析,方便广大高校教育工作者在新环境下更好地开展高校学生工作管理。对从事高校教育管理专业的研究学者与工作者有学习和参考的价值。

　　在编写本书的过程中,笔者查阅和借鉴了大量的相关资料,在此向其作者表示诚挚的感谢。此外,本书在编写的过程中,也得到了相关专家和同行的支持与帮助,在此一并致谢。由于作者水平有限,加之时间仓促,书中难免出现纰漏,敬请广大读者批评指正。

目 录

第一章　高校教育质量评价概述

第一节　高校教育质量的内涵

高校教育质量是大众化教育背景下的热点议题。随着精英高校教育向大众高校教育的过渡,高校教育正在从数量时代向质量时代转换,而培养符合社会发展需要的人才则成为高校教育质量的核心和根本标准。"质量"作为一个专门术语,最初源于工商业领域。在 20 世纪 80 年代以前,与高校教育相关的文献还很少涉及"质量"问题。20 世纪 80 年代以后,学术界之所以提出"高校教育质量"这一概念,并广为流传,一方面是受政府政策的强制推行影响,另一方面也源于企业管理中质量话语的诱导。虽然质量问题已成为高校教育政治日程上一个优先考虑的问题,但学者们对它的解释却很不相同。

高校教育质量的内涵和外延具有极广泛的内容,就其内涵而言,高校教育质量是一种实践活动的质量,它应体现高校教育实践活动的本质,而且应反映高校教育实践活动的规律性。就其外延来看,高校教育质量应体现培养高级专门人才的质量、构建高校教育体系的质量、创办高校教育机构的质量、宏观管理高校教育系统的质量。高校教育质量至少有相关设定的规格、标准的一致性等六种定义,这些定义虽有相通之处,但每一定义所强调的重点并不相同,每种定义也都有其优缺点。实质上,无论如何界定高校教育质量,都必须回答这些问题:什么是质量? 谁来确定质量? 如何评估质量? 因高校的主要职能是教学、科研、服务,因此其质量也包括这三个主要方面。

一般来讲,高校教育质量涉及的主体主要有国家政府、经济组织、高校教育系统或学术组织、受教育者(学生)。在国家政府看来,高校教育质量就是与预设的质量标准(对不同类型的院校可能设定不同的标准)一致性的程度,强调是否达标以及达标的程度。从经济组织视角来看,评价高校教育质量,就是指高校教育的属性是否满足高校教育主体的需要及其满足的程度。而就高校教育组织而言,高校教育质量是指高校教育实践活动在实现自身基本功能的过程中对高校教育基本规律的体现程度。在受教育者看来,高校教育质量的本质就是高校教育满足个人和社会发展需要的程度,最根本的是满足个人发展需要的程度。而根据评价的主体不同,还可以把高校教育质量划分为外适质量、内适质量和个适质量。外适教育质量是指高校所培养的人才为社会、经济、文化的发展所做准备的充分程度。而内适教育质量,它是高校为保证教育产品的质量(外适质量)所开展的教育、教学工作的优劣程度。

高校教育质量是一个多维的概念,要给高校教育质量下一个科学的定义,则既要体现出质量的基本含义,又要体现出高校教育的属性和功能。高校教育质量是质量的基本含义在高校教育领域的具体体现,是高校教育对质量基本含义的具体反映。据此,这里认为,高校教育质量是指高校教育在坚持社会效益和经济效益相统一的原则基础上,其各种活动及其产品的内适性与外适性的统一程度。而高校教育质量的含义还可以概括为:高校教育产品和服务所具有的高效性、人文性和调适性在满足社会和学生发展以及高校教育系统自身有序运转方面要求的程度。应该说,该界定既体现了高校教育质量的宏观性,也反映了高校教育质量的微观性;既反映了高校教育的社会属性,又反映了高校教育的个适质量特征;既具有在管理领域质量本身的内涵,也具有高校教育质量的领域特征。

第二节 高校教育质量的特征与维度

一、高校教育质量的基本特征

高校教育质量具有层次性与规格性。主要体现在高校教育要根据社会、经济、文化、科技等多项事业发展对高级专门人才不同层次的需求,培养出达到相应层次标准的人才方面。在同一社会需求的层次上,高校教育体现了不同行业或不同学科领域对高级专门人才需求所培养人才的差异性。高校教育质量具有时间性与空间性。时间性指不同时期的社会发展阶段,其对高校教育培养人才标准的需求不同,高校教育培养满足不同时期需求的不同标准的人才是其教育质量时间性的具体表现。而空间性指在同一时期,世界各国同一层次的高校教育质量是不同的,以及在一国同时期内不同层次的高校教育质量是不同的,这是由各国社会经济发展需求决定的,也是由各国高校教育发展的历史决定的。高校教育质量具有主体性与对象性。主体性指高校教育培养的人才标准虽然在规定上是统一的,但具体到每一个人,因经历等的不同,其初步获得的科学研究能力或独立进行科学研究能力的表现就是千差万别的。对象性指对受教育者有一个满足社会需求的统一的规定标准,这是对人才培养的客观要求,是对被培养者这个群体的标准制约,这就是高校教育质量的对象性特征。

除此之外,高校教育质量还具有客观性与主观性。它包括两个方面的含义:一方面是指它的存在形态是客观的,即高校教育质量是不以人的意志为转移的客观存在。另一方面是指它的评判标准是客观的,即评判高校教育质量的高低、优劣、好坏存在着客观标准——尽管这个标准在不同条件下可能是不同的。高校教育质量还具有统一性和多样性特征。统一性包括两个层面的含义:一个是宏观层面的含义,是指一切高校教育所共同遵循的总的质量标准,也称高校教育的基本质量。另一个是中观层面的含义,是指同一类型或同一层次的高校教育所共同遵循的基本质量标准。高校教育质量的多样性反映的是高校教育的个性特征,是指不同类型、不同层次、不同办学形式的高校教育在具体的质量标准上是不同的,也称高校教育的具体质量。高校教育质量还具有特色性与可比性。特色性也称高校教育质量的个性,它是指不同国家的高校教育或同一国家内不同的高校在人才培养、科学研究、社会服务等方面所具有的与众不同的特色。

最后,高校教育质量也体现出了学术性与实践性的特征。学术性质量将高校教育与高深学问联系在一起,重视教育自身的规律,注重学生的知识水平与学术成就。然而高校教育质量本质上属于实践范畴,高校教育质量是这一实践活动各个环节、各种具体形式的质量的综合体现。高校教育质量也体现出了自主性与依附性的特征。高校教育的基本特性是知识性,知识的本质要求高校是高校教育质量保障的主体,要求同行评估,要求评估的专业化,要求高校教育质量保障不能有统一模式。高校教育质量在政策层面、操作层面始终受到政治意识形态和市场价值的制约和影响,因此表现出明显的被动性和依附性特征。高校教育质量也体现出了发展性与滞后性的特征。没有一成不变的教育质量,高校教育质量是随不同时期的不同发展主题而发展变化的,不能脱离发展来谈质量。然而,教育的产品是人而不是物,其质量的显现与其他物化产品不同,具有滞后性。高校教育质量也体现出了系统性与片面性的特征。高校教育质量是整个高校教育系统的质量,是一种整体质量,而不是单一的人才培养质量。然而,系统质量仍非高校教育的全部。在社会问责情势下,高校教育外在的政治功能、经济功能凸显,但其内在的文化功能、育人功能、独立价值依然有效,依然居于核心。

二、高校教育质量的维度

随着高校教育的大众化,高校教育所面对的需求也有了新的特点,高校教育机构明显分化。在这种情况下,高校教育质量标准开始走向多样化和多元化。正如世界高校教育大会通过的《21 世纪的高校教育:展望行动的世界宣言》所指出的:"高校教育质量是一个多维的概念,它应该包括所有的功能与活动:教学与教学计划项目、研究与学术活动、教职工队伍、学生、建筑与设施、仪器与设备、对社区与学术环境的服务。"早在 20 世纪 70 年代,OECD 就开始了教育发展指标体系的研究,并提出了初步的教育发展指标体系。《教育概览:OECD指标》在不同的年度有不同版本,数据有所差异,指标内容不断更新,但主要有五类指标。在21 世纪初,将原有的 A 类指标与 E 类、F 类指标合并,重新定义为"教育机构的产出与学习影响力"。C 类指标删掉了"特殊需要学生或获得额外资源学生"的指标。D 类指标增加了"教师的供给与需求"和"教师的培训和发展",详见表 1-1。

表 1-1 OECD 指标体系

指标分类	内容
A 类指标	教育背景(包括人口、社会、经济等)
B 类指标	主要是教育投入指标,如生均教育支出、教育支出占 GDP 的比重等
C 类指标	受教育机会、教育参与及教育进步等
D 类指标	学习环境及学校组织
E 类指标	教育产出(包括个人、社会产出和劳动力市场)
F 类指标	学生成绩

将高校教育质量划分为个适质量、内适质量和外适质量三个部分,其实质就是对应于高校教育三大职能维度上的教学和人才培养质量、科学研究质量和社会服务水平。大众化高校教育质量处于不断生长的进程中。办学条件是质量生长的重要载体,教育教学改革是质量生成的主要动力,质量保障程序是质量生成的必要机制。办学条件、教育教学改革和质量保障程序的变化情况,是衡量大众化高校教育质量的主要参数。大众化高校教育质量的变化主要通过上述参数表现出来。研究大众化高校教育质量,必须对上述三方面的变化情况,

以及它们与培养目标之间的关系进行综合分析。具体来看,办学条件变化主要包括招生、投入、师资等各种教育资源变化情况,着重分析生均教育资源的变化情况,如生均校舍面积、生均教学行政用房、生均学生宿舍面积、生均固定资产值、生均教学仪器设备值、师生比等。

由于人才培养在高校教育中处于核心地位,传统上人们对于高校教育质量的研究一般主要集中在人才培养质量上。因此,高校教育质量标准理应集中在人才培养质量标准上。从人才培养层次、人才规格和学科类型三个维度出发,可以构建多样化的高校教育质量标准结构体系。从教育层次角度出发,高校教育质量标准可分为专科、本科、硕士研究生、博士研究生四个层次。即使同一层次、同一专业,人才培养的规格也是各不相同的,社会人才可由学术型人才、工程型人才、技术型人才和技能型人才四类组成。每个学科类型的专业教育范围、内容不同,其特点和要求也就不相同,它们的教育质量标准也不会相同。对于研究型大学,其教育质量标准应该侧重于学术型标准;对于定位于教学科研型或教学型的高校,其教育质量标准应该追求应用型标准;而对于高等职业技术教育,由于要求其教学内容必须具有很强的实践性、针对性和应用性,对理论知识的掌握则以够用为原则,不强调深层次理论的学习,因此就应当追求职业型标准。

高校教育是一个结构严密、层次清晰的系统,研究高校教育质量可以根据研究的目的将其划分为三个层次。

第一层次是宏观高校教育系统质量。它指的是国家各级各类高校教育的总体水平,其内涵是发展水平,包括高校教育的规模、结构、质量、效益,国民平均接受高校教育年限,高校教育对国民经济发展的贡献率,高校教育的国际竞争力等特定要素。第二层次是中观高校人才培养质量。它指的是各级各类高校的办学水平,即高校各个基本要素实际水平的整体体现。第三层次是微观高校教学、科研、社会服务质量。它指的是高校内部的教学质量、科学研究质量和社会服务质量,其实质是高校三个职能的实现程度。

目前国外对高校教育质量与水平评价指标主要有经济指标、人口指标、高校教育发展指标、高校教育经费指标、科技活动与水平指标和软指标等。经济指标主要包括国民经济指标、公共财政投入水平和产业机构指标。教育者和受教育者是总人口的一部分,人口状况,尤其是目标期内适龄教育人口的数量和结构的变动,对高校教育发展影响很大。以高校教育毛入学率、成人人口的预期平均受教育程度作为衡量我国高校教育规模的指标,以此表明我国高校教育的实际规模水平与潜在规模之间存在较大的差距。高校教育质量的维度划分应考虑到利益主体的不同,譬如,从政府、社会、学校、学生取向等四个方面的维度进行设计,设计每个维度的教育质量标准,然后整合成部门级或国家级教育质量标准。

总的看来,高校教育质量评价具有多个层次、多个维度,每个层次的多个维度下又包括诸多具体的子维度或量化指标。就高校教育质量评价的量化研究取向而言,其要求各子维度至少具有适切性,也即各指标得到了比较广泛一致的认可以及可测量性,也即该指标下的数据可以明确地量化统计分析。鉴于高校教育的最基本功能(科研、教学与服务)以及以质量评价促进高校教育或高校发展的宗旨,将高校教育质量评价的对象落脚到各高校,而将评价主体确定为高校教育主管机构或主管机构委托的其他社会中介机构,将评价层次确定为微观的学校基本功能层面,这样就使得高校教育质量不但具有国际可比性,而且在操作上也更为简单且有效。现今,以学校学生学习成果为结果或产出变量已经成为美国乃至世界高校教育质量评估的核心内容,它提供了能够显示每一所院校办学成效的最为重要的依据。

第三节　高校教育质量的评价方法

高校教育评估方法可从以下五个方面进行分类:其一,依据其评估特点可以分为定性评估(如规范评估法、小组评估法)和定量评估(如考试评估法)。其二,依据其所用数学方法可以分为概率评估和精确评估。其三,依据其评估时序可以分为小回环评估和大回环评估。所谓小回环评估,侧重在学校内部获取信息来评估教育质量,而大回环评估侧重在学校之外获取信息来评估教育质量,所以小回环评估是近期评估,大回环评估是远期评估。其四,依据其评估域可以分为纵向评估和横向评估。其五,依据其评估着眼点可以分为环境条件评估和社会效益评估,前者主要通过考察其办学条件来推论其教育质量,后者则把教育过程、办学条件视为一个"黑箱",由产生的社会效益来评价教育质量。这五种评估方法各有优缺点,在实际评估高校教育质量时,只有综合运用这五种方法才能收到良好的效果。

传统的教育质量评估方法虽有许多可取之处,但也存在一定的不足,主要是重分数,重定性,重短期效果,忽视社会实践对人才质量和教育质量检验的权威性作用,因而也就不可能达到真实地评估高校教育质量的目的。考试评估法是一种传统的教育质量评估方法。在评价某学校某届毕业生的质量时总喜欢采用统考的方式,或以升学率、录取率作为准绳,这是不科学的。因为考试成绩和教育质量之间并不存在必然的联系。定性评估高校教育质量也是人们惯用的评估方法,如规范评估法、小组评估法等,它的优点是能使我们粗线条地了解和掌握教育质量的基本情况,处理那些不易于定量分析的问题;其缺点是缺少数据支持,只能给人一个笼统的概念,缺乏强有力的说服力。环境条件评估法也是评估高校教育质量时经常使用的方法之一。它是从人才成长与环境条件的依赖关系出发来评价教育质量的。在通常情况下,人才成长和环境条件成正比关系,环境条件越成熟越完备,人才成长也就越迅速,质量也就越高。这里讲的环境条件是指师资水平、学校历史、办学经验、科研成果的数量和水平、试验仪器设备的完善和先进性、教育投资等,我们所说的名牌大学就是由于环境条件优越而得名的。社会效益评估法是进行高等教育质量评估的有效方法,这种方法的特点是把教育过程看成一个"黑箱",不去过分考察"材料"在其中是如何加工的,而把着眼点放在"产品"的社会效益的考察评估上,让社会来检验某"产品"的质量。社会效益评估法是检验高等教育质量最有效的方法,其缺点是周期长、反馈慢,有时易受社会时弊的影响。小回环评估法可以是定性的,也可以是定量的;可以用考试的方式进行,也可以用观察的方式进行。这种方法最大的优点是周期短、反馈快,简便实用,缺点是仅考查学生在校期间的表现,忽视了社会评估的因素。用这种方法全面衡量一所高校的教育质量是不可取的。总的看来,传统的高等教育评估方法各有长处,又各有缺点。在使用这些方法对高等教育质量进行评估时,必须从它们的综合作用出发,取其所长,舍其所短,具体来说,就是定性分析和定量分析相结合,环境条件评估和社会效益评估相结合,学校内部的纵向评估和校际的横向评估相结合,小回环评估和大回环评估相结合,概率评估和精确评估相结合,只有这样,我们才能对高等教育质量做出准确评价,才能够取得精确的反馈信息,从而不断地提高高等教育的质量。

增值评价作为一种发展性评估方法,已成为国内外高校教育质量评估领域的热点。增值评价的引入能够实现高校教育评价由"横向静态"向"纵向动态"的转变,客观真实地判断每所学校教育质量进步或退步的程度,科学合理地反映每所学校在提高高校教育质量方面所做出的努力,尤其是各方面基础较差、长期得不到重视但仍做了大量工作的高校。它的实施可以创新高校教育质量评价体系,有利于推进学生的全面健康发展和高校的均衡发展,促进高校教育资源的合理有效分配,是落实科学发展观的重要体现。在当前全球高校教育质量希望得到保障的普遍诉求背景下,如何科学评价高校教育机构自身的效率和效力,特别是如何评估高校之于学生的影响力,如何精确测量大学四年学生各方面发展状况及其增值幅度,已成为目前亟待解决的问题,目前增值评价主要运用于大学生在校期间学习成果评估及其各方面发展状况的监测。增值评价的结果有助于深入解释高校对学生发展的影响机制,为改进高校教育质量提供依据。

增值评价同时关注大学生学习的起点、过程与结果,其所体现的过程性、发展性评价理念,本质上来源于人的发展理论,而20世纪60年代以来兴起于美国心理学界的大学生发展理论是人的发展理论在高校教育情境下的运用,它为增值评价在高校教育领域的应用奠定了坚实的理论基础。20世纪60年代,在心理学领域形成的大学生发展理论体系本质上是人的发展理论在高校教育情境下的运用,其基本目标是解释大学生在四年的学习生活中,怎样发展成为了解自我、他人及世界的成熟个体的过程。大学生发展理论集群中最具代表性的理论包括个体与环境互动理论、认知结构理论、社会心理与认同发展理论、类型理论、整合型理论,这些理论分别论及了大学生在四年的学习生活中个体与校园环境的关系,个体所经历的认知、情感、能力与认同等方面的发展情况,学生群体间的人格类型差异,大学在学生发展过程中的介入作用等问题。大学生发展理论对学生在校期间的发展过程、结果及其影响因素的深入探讨,使其成为高校教育情境下增值评价的理论基础。

大学生在有意义的活动中投入的时间和精力越多,他们从大学经历中所得到的收获就越大。学生参与的形式丰富多样,既包括学术参与,也包括课外活动参与以及人际互动;同样,学生发展的内涵也十分广泛,既包括认知发展,也包括道德情感以及能力人格的发展。学生参与理论自创立以来,引发了后续海量研究和讨论,原因在于它所蕴含的独特性和重要性。相较于其他的学生发展理论,学生参与理论更为关注学生发展的过程而不是结果,视学生投入的时间精力为大学重要的财富和资源。学生参与理论中所包含的"参与""过程""全人发展"等思想内核对增值评价理念与方法的完善以及增值评价在高校教育中的应用,均产生了深刻影响。

然而,推行增值评价仍面临一些困难和问题。一方面,缺乏本土化的大学生发展理论做指导。我国已进入高校教育大众化阶段,但在高校教育规模急速扩张期间,我国学界并没有对大学生群体展开真正意义上的长期、系统的实证研究,并在此基础上形成中国大学生发展理论。另一方面,理想数据难以收集。增值评价之所以在基础教育阶段得到广泛应用,一个重要的原因在于,学生标准化测验成绩能为增值评价提供理想的用于实证分析的数据。而在高校教育情境下,大学生的发展更为多元、复杂,不同专业的学生四年学习经历和收获存在较大差异,因此学生发展的增值情况很难通过单一的自陈式量表或标准化测试获得。

第四节　高校教育质量的量化技术

高校教育质量评价中的量化技术大体可总结为三类:其一为描述性统计分析,主要回答过去或现在的高校教育质量状况问题,可由许多维度及其子维度构成,每个子维度又可包含许多不同的量化指标。其二为回归统计分析,主要回答未来高校教育质量可能的变化情形,一般由现时或过去多年的各维度及其子维度来进行预测。其三为基于发展性评价理念的增值评价技术,主要采用多层线性模型的分析方法。

一、描述性统计分析技术

欧阳河围绕提高高校教育质量设计了 10 个问题:①您觉得目前高校教育质量的总体情况如何? ②教育质量问题特别突出的是哪些教育层次或类型? ③教育质量得不到保障主要是哪些环节出了问题? ④当前高校教育人才培养出现的质量问题突出表现在哪些方面? ⑤提高高校教育质量存在哪些主要困难和问题? ⑥产生高校教育质量问题的主要原因有哪些? ⑦确保高校教育质量应具备哪些前提条件? ⑧提高高校教育质量取得成效的决定性因素是什么? ⑨要想提高高校教育质量,当前必须注意防范和化解的主要风险是什么? ⑩在提高教育质量的改革与创新中,您在哪些方面会获得好处或有所损失? 就上述 10 个问题采用匿名、书面形式进行调查,调查对象主要有某省本、专科学校 39 所,计 849 人。对有代表性的 10 所大学和省委党校厅、处级干部培训班学员也进行了调查,对 29 所大学进行邮寄问卷函询调查。调查在半监督式或无监督式自填情况下进行。对回收后的数据,以百分比及表格的形式呈现了所有分析结果。研究者在最后总结时指出,虽然本次咨询采用匿名函询的方式使得函询结果比较客观,咨询结果具有较大的参考价值,但是,咨询目标对象总体较大,样本按照非概率整群抽样和分层抽样抽取,样本带有一定的随意性,教育系统外样本偏少,教育行政部门未被抽样,样本并不能完全代表总体水平。赵婷婷等对北京市高校教育质量的研究也采用了描述性统计分析方法。该研究数据源于《北京高校教育质量报告》的统计数据,同时结合我国高校教学水平评估的具体指标,从师资队伍、经费和硬件设施、教学改革、学生四个方面,对北京高校教育的质量状况进行了回顾与总结。该研究主要以图示和图例的形式,结合对相关数据的分析,对北京市几年内高校教育的质量进行了纵向的分析,因其数据从本质上来看仍是一次性获得的短期数据,所以仍以描述性统计来进行分析。

二、回归统计分析技术

刘泽云等认为,可以采用基于回归法的倾向性指数方法来估计高校教育质量的收益。研究者认为,倾向指数的估计量可以用 Probit 或 Logit 模型估计得到,对于倾向指数为 P(Xi)的处理者,用 P(Xi)附近的非处理者进行匹配。在实际应用中,倾向指数匹配法有分层匹配法、最小邻域匹配法、半径匹配法和核匹配法等几种方法。

三、多层线性模型分析技术

李湘萍等认为,在高校教育情境下,学生的学习成果(student learning outcomes)是增值评价的关键指标,如何界定和度量将直接影响评价结果。大学生学习成果的数据信息主要来自以下三个渠道:标准化测试、自陈式量表、课业考试成绩(college grades),其中标准化测试与自陈式量表是获得增值评价数据的最主要途径,在当前美国高教评估界,这两种途径可以说势均力敌,但又各有千秋。通过标准化测试与自陈式量表获得相关数据后,国内外学者主要运用分数差值法、多元线性回归模型以及多水平分析模型(hierarchical linear model,简称 HLM)这三种方法对数据进行统计分析,从而最终实现对大学生学习过程和结果的增值评价。

①分数差值法。所谓"增值",是指大学教育对学生学业成就所带来的积极影响。在实证研究层面,"增值"体现在横向研究中不同年级学生群体间的差异,以及纵向研究中同一批学生前测、后测结果的差异,分数差值法常使用关键指标,如以大学生学习成果的平均数变化效应值(effect size)和方差来表示增值的幅度大小及其变异程度。分数差值法常用于标准化测试数据的分析,操作简易,但很难从数据背后找到大学生学习成果增值的影响因素,只能进行学校之间的简单比较。

②多元线性回归模型。多元线性回归模型是分析一个因变量与多个自变量之间线性关系最常用的统计方法,也是估计观测值与期望值之间残差值的标准统计技术。通过多元线性回归模型得到的残差值,即是大学生在一段时间内学习进步的"增值"。多元线性回归模型将学生以及学校层面的各种影响因素同时纳入统计模型,深入分析学生和学校两个层面内部变量间的关系以及跨层变量间的关系,从而科学评价影响大学生学习成果不同因素的重要程度及其交互作用。

③多水平分析模型。多水平分析模型本质上是"回归的回归",它通过量化影响学生学业成果的各种影响因素,设计回归方程,运用层层嵌套的模型分层,全面考查学生、班级、学校、地区等各种变量对学生学业成果的影响。多水平分析模型可以通过 HLM、MLwin、Lis-rel、M-plus 以及 SAS 等统计软件来进行分析。多水平分析模型的主要优点在于可以将影响学生学业成果的外部因素(如学生的学习基础、家庭背景等)与学校或教师的效应分离开来,得到学校或教师的"净效应",从而科学评价高校之于学生的影响力。

除此之外,也有学者根据国外高校教育质量评价相关模型,整合运用了多种统计分析技术来开展相关研究。张爽等在参考国内外相关学者研究资料的基础上,构建了高校教育服务质量评价的差距分析模型,并从顾客(学生)的视角,提出了一种新型的高校教育服务质量评价的模糊技术模型和方法。由于从顾客(学生)的期望和感知的角度来评价高校教育服务质量涉及人的心理活动,导致具体评价过程中存在许多模糊因素,如果忽视了这种模糊性,所进行统计的原始数据的真实性将会存在很大的问题。如果用清晰等级来划分顾客(学生)的实际感受,这和顾客(学生)心理活动的实际情况是存在很大差异的。因此,在获取实测数据时,必须考虑顾客(学生)心理感知的模糊性,避免等级的清晰划分和界点两侧的跃变,要承认等级之间的中介过渡和亦此亦彼性,这就必须借助模糊集合论的方法予以处理。高校教育服务质量的好坏并非取决于提供教育服务的高校对所提供的教育服务的评价,而是由接受教育服务的顾客(学生)对服务质量的评价所决定的。学生对教育服务质量的评价是其自身对高校提供的教育服务的真实感知和期望之间相互比较的结果,其中必然涉及人的心理活动和许多模糊因素。因此,本研究从顾客(学生)的视角,运用模糊技术方法对高校教育服务质量进行评估具有一定的科学性和适用性。在高校教育服务质量测评中应用模糊技术是一个新的尝试,具有探索性质,有待于在理论上进一步挖掘深度,在实践中进行应用和验证。

第二章　高校教育质量评价体系

第一节　高校教育质量评价体系的理论提升

一、质量评价、质量保障与质量管理

质量评价以质量判断为依据。质量管理问题将伴随着高校教育的繁荣存在而存在。质量保障则是质量管理发展的新阶段,具有特定的历史意义。比较而言,质量保障突出整体性,质量管理凸显过程性。现代管理学研究表明,质量来自管理,质量的高低又取决于管理的优劣。因此,高校教育质量保障的关键是建立完善的教学质量管理制度,即建立以激励为主的有利于学生个性发展的教学制度和教学管理运行机制,强化教学过程管理,加强对教学质量的监控和评价。唯有建立适应高校教育大众化和普及化的质量保障与评价体系,才能使高校教育的质量得到切实保障。早在 1998 年,联合国教科文组织的《21 世纪的高校教育:展望与行动宣言》中就明确指出:"把学生视为高校教育关注的焦点和主要力量之一,应当在现有的制度范围内通过适当的组织结构,让学生参与教育革新(包括课程和教学法的改革)和决策。"可见,只有建立完善的组织和制度,才能真正发挥学生对提高高校教育质量的推动作用。如果没有组织和制度作为保障,再好的理念也只是"镜中花、水中月",难以转化为具体的实践。再者,还要进一步加强高校校风、教风和学风建设,构建一个有利于学生健康发展的优良环境。评价是提升质量保障的有效手段,但评价又是非常困难的事情,甚至可以说是管理学的世界性难题。毕竟评价是一种基于价值的判断,具有较强的主观性。因此,没有绝对客观、公正与科学的评价。在此情况下,评价就更需要理论的指导。如何使中国高校教育的发展在国际视野和中国特色之间保持张力,应当成为我们关注的一个重要问题。既不能让国际化变得虚无缥缈,甚至遮盖住我们办学的本质和特色,也不能让保持中国特色变成了低水平、低层次办学的借口。建立高校内部质量保障体系既是高校进一步深化教育教学改革、落实科学发展观的着力点,也是进一步巩固成果的关键,是构建有中国特色教学质量保障体系的基础性环节。要进一步促进高校的内涵发展,通过内部质量保障体系的构建和外部质量监控体系的完善,最终形成保证和提高教学质量的长效机制。高校教育要真正关心学生的生存境遇和发展命运,这就需要了解学生是否在低质量的环境中学习,而不是去对质量的定义进行令人头疼的哲学思辨。

总之,管理的对象有二:一为人,一为物。现代意义上的管理主要是通过体制和制度来实现的。一般而言,体制和制度要为人的能力的充分发挥提供机会与平台、政策与规则、管理与服务。当代中国社会最需要但又缺乏的,恰恰是保障并促进每个人的能力充分正确发

挥的体制和制度。

二、高校教育质量评价体系的设计原则

(一)评价体系设计的激励性原则

高校教育质量评价,是把各学校的教育工作置于横向比较、鉴别之中,经受评价检验。通过评价,获得学校教育质量的高低、优劣信息,形成客观的比较鉴别,必将产生强烈的压力和动力,进而激发和增强他们的竞争意识。开展教育质量评价,就是相当于把竞争机制引入到教育领域,通过评价实行奖惩制度,科学的评价制度和方法将为教育竞争创造一个公平合理的良好环境。在质量评价的过程中,高校必须始终坚持以发展为本的重要原则,要根据评价对象过去的基础和现实的表现,对学校的各方面状况进行全面分析,这不仅仅是对高校的教学成果做一个价值判断,更是要通过对评价对象的评价与诊断,来发现其所存在的问题和困难,使被评价对象进一步明确未来发展的目标,激励被评者通过发展缩小与其他高校的差距。也就是说,通过质量评价,不但可以评判一个高校教育质量的好坏,更重要的是能帮助学校诊断问题,使高校能够更清楚地认识到自己与优秀学校的差距,找到努力的方向。

(二)评价体系设计的明晰性原则

高校教育质量评价体系明晰性的原则,是指评价的目的、内容和要求都要明确、具体、清楚、明了。只有确立了明确的评价目的、评价内容、具体的评价要求,评价程序才能顺利开展,才能更好地达到评价的目的。所以,评价内容应紧紧围绕促进高校及师生自主的发展,明确要实现此目标的主要因素,并把此定为评价的核心内容。例如,应高度重视校园文化建设、人才质量的提高、学校专业与社会需要挂钩等方面的内容。尤其是对评价内容的每一个要素的具体内涵必须要做出明确、具体、翔实的界定,否则就会产生许多不必要的分歧,影响评价的实际效果。评价体系明晰性原则另一方面的体现就是,对评价者和被评对象提出具体要求,主要包括评价者的职责与任务、纪律和规定。例如,评价者要有高度负责、求真务实的精神,要公正、正直、秉公办事,要廉洁、廉明、不收礼品和礼金等,另一方面是对被评者的要求,主要包括:学校师生及员工从上到下要高度重视、真抓实干,要从细微处着手、从整体上去把握,要以评价为契机,实现学校又好又快发展。同时,评价的目的、内容和要求都要在评价活动开展之前,让评价者和评价对象了解与掌握,这样才能使评价对象有明确的努力方向和目标,才能让评价者懂得为什么要去评价、评价的内容是什么、应该怎样去评价。否则,评价者和评价对象在评价的实际工作中就会茫然而不知所措,其评价结果当然也不会令人满意。

(三)评价体系设计的可行性原则

高校教育质量评价体系的可行性原则,是指高校教育质量评价的对象具有可比性,指标体系具有可测性,评价工作具有简易性,从而保证评价工作的顺利进行。可行性要求评价工作要尽可能地用较少的指标、条目,较简便的方法、途径,反映出被评对象的本质属性和功能。开展高校教育质量评价的各项工作都要建立在具有可行性的基础上,要使高校教育评价在广泛的范围开展起来,必须使评价工作简易可行。这样,才可以使接受评价的单位把评

价与改进工作结合起来,而不是把评价工作当成一个负担。另外,一项评价工作的开展需要花费一定的人力、物力和财力,如果评价不能解决实际问题,不仅浪费了国家的财富,而且也给被评价对象造成了很大的负担,导致被评价对象的不满和反感。因此,评价体系的设计,特别是评价具体指标的设计必须针对高校普遍存在的实际问题,特别要针对学校的办学定位和办学特色以及学生的实际能力等方面的问题。通过进一步完善评价指标体系,提高评价体系的可行性,突出被评价对象的个性和特色,对于促进高校的准确定位、提高被评学校学生的实际能力和创新精神都是非常有利和有效的。

三、专业与就业核心竞争力

高校现有的专业设置、组织结构显得不尽合理和规范,专业结构设置上存在盲目性、随意性,其结果造成人才积压和人才紧缺并存的结构性失衡。这必然导致"教育系统"与"就业系统"的错位,进而影响学生的就业,这也是导致一些专业"忽冷忽热"的深层原因之一。普通高校教育的质量主要表现为社会适应性,因而市场竞争就成为大众时代高校教育质量保障的主要方式。而信息的完全程度,也就是信息在高校与外界(政府、社会和高校)之间以及高校内部各成员之间的对称程度直接影响着市场竞争的有效性。这样,高校教育领域内的信息对称程度就成为高校教育质量保障工作有效开展的重要影响因素。仔细分析发现,高校自身办学特色不足,未能很好地根据产业经济和地方社区发展需要来设置优势专业,这是影响专业竞争力的一个必要条件,自然也影响着大学生对专业的归属与认同。专业的发展方向就是特色和竞争力、比较优势。如果没有特色、没有竞争力、没有比较优势,那么这个专业就不是一个好的专业。专业是高校人才培养工作的载体,专业设置的合理与否不仅关系到专业自身是否具有合理的存在逻辑,而且关系到高校所培养的人才是否具有较强的社会适应性。与此同时,社会需要的专业很多,但学校的资源是有限的。学校要在自己所能的范围内,扬长避短,培植优势,打造特色,以优势立足,以特色取胜。无论是单一性、精英式的传统质量观,还是多样性、大众式的现代质量观,都在一定程度上反映了不同时期的社会政治、经济和文化对高校教育的不同要求以及高校教育的价值取向。现代意义的高校教育质量观最主要的特点是"质量"和"质量标准"的多样化,因此,应重点强调高校教育质量评价标准的公正性、科学性和国际性,强调高校教育评价的"个性化"和"特色化"。

四、质量评价与经费结构

教育投入是现代政府公共财政支出的重要组成部分,高校教育是一种准公共产品,政府应主动承担起高校教育投入的责任。市场化和产业化并不是政府推卸加大教育投资力度主体责任的借口,而是要自觉增加对高校教育的投资,因为对高校教育投资,也是人力资本投资的重要形式,是强国富民的重要途径。

如今,各国高校经费来源都呈现出多元化的特点,各国高校教育经费的筹资渠道包括政府的财政收入、税收、学费、企业资助、捐赠、继续教育的收入及校办产业的创收等几个方面。美国筹措高校教育经费的主要渠道包括政府拨款、学费、销售与服务收入、捐赠及其他收入等;英国高校教育经费主要包括政府拨款,其中主要是大学基金、研究资助、产学研结合筹措经费、学费、民间捐赠、招收留学生等。与国外高校经费来源相比,我国高校经费还是以政府投入和学费为主要来源,还需积极拓宽资金来源渠道,并提高为社会服务的水平和质量,进一步完善融资体制。与 OECD 国家相比,我国的高校教育事业性经费支出结构中的人员经费支出比例明显偏低。为提高我国高校教育经费的使用效益,除建立相对合理的教育经费支出结构以外,还应积极建立科学、规范的高校教育支出绩效评价体系和制度,将教育支出结构与支出效率相联系,切实提高经费使用效率。

在高校教育质量评价过程中建立有效的激励与约束机制势在必行,政府一方面应加大教育投入力度,另一方面也应注重资源使用效率,使物尽其用,将教育经费的投入与质量评价结果结合起来。质量建设关注利益结构的调整,主要通过经济杠杆来实现;质量保障关注教育教学活动过程中行为准则的规范和调整,主要通过相关的质量制度和质量标准来实现。

第二节　高校教育质量评价体系的哲学探究

高校教育评价是对高校教育教学、学术研究、经营管理、社会服务等相关的系统、组织的评价。我国学者认为它是"以高校教育为对象,依据高校教育目标,利用一切可利用的评价技术和手段,系统地收集信息,并对其教育效果给予价值上的判断,为做出决策、优化教育提供依据的过程"。

所谓的大学评价可以理解为根据一定的评价标准对其组织和机能所具有的价值,依照一定的目的,在一定水准的基础上,做出科学判定的过程。高校教育评价是一个复杂的过程,是以价值判断为核心,以与高校教育直接或间接相关的事物和人为对象,主要目的不在于价值判断的本身,而是通过价值判断,科学地利用其判断结果,优化高校教育,使其功能得以充分发挥。

哲学上的价值体现在主体与客体之间、需要与满足之间的关系,是客体所具有的属性同主体需要之间的一种特定的关系。高校教育的价值是高校教育主体与客体、需要与满足之间的关系,即高校教育的客体所具有的属性同高校教育主体需要之间的关系。主体的需要对于客体来说是否能够满足,其中存在着一种价值的判断,把这种价值判断进一步进行制度化就会形成评价制度。高校教育评价制度的形成不是偶然的,而是在高校教育不断发展的历史过程中形成的,并且不断地完善和发展。本研究试图从高校教育评价的主体论、多元论等几个侧面来探究高校教育评价的本质。高校教育评价本质的研究,不但能够完善、丰富高校教育评价的理论体系,更重要的是能够促进高校教育健康地发展。

一、对高校教育评价主体论的辨析

在以知识经济为基础的社会中,随着高校教育规模的不断扩大,高校教育已经走进了"社会的中心地",高校教育的利益相关者也越来越多,他们都有权利对高校教育进行评价,并成为高校教育评价的主体。高校教育由谁来评价,将决定着评价的基本性质。由于评价主体的评价理念、目的、标准、内容等有所不同，与评价相关联的结果也不同。理论上高校教育利益相关者都有可能成为评价的主体，因此对他们一一进行论述，事实上是一件很困难的事情。那么，在现实的评价中，作为主体的是政府、国民，还是当事者？我们以评价的对象为基准，把评价的主体分为作为当事者的高校和高校以外的政府、第三方机构来进行探讨。

（一）高校本身作为评价的主体

把高校本身作为评价主体的评价，我们将其称之为自我评价。实施自我评价的高校具有双重性质，既是评价的主体也是评价的对象。高校自我评价的理念和目的会直接影响到评价的质量。就自我评价的目的而言不外乎有两个：一个是为了高校自身的生存和发展，提高市场竞争力，保障和提高教学、科学研究、经营管理、社会服务等各个方面的质量。这是一种纯粹性的自主自律的自我评价，它的动力来源于高校自身。另一个是为了应对来自高校外部的评价，在外部评价的压力下被动实施。因为外部的评价一般是在自我评价的基础上进行的，高校不得不实施自我评价，这在法律或制度上有新规定，并且外部评价的结果直接关系到高校自身的利益。这种自我评价可以称之为被动自评。我国的现实情况表明，高校实施的自我评价基本上具有上述两种因素。要想真正做到自主自律的自我评价，必须提高作为评价主体的高校对自我评价本质的认识。

自我评价主体的组成成员主要来自该高校的管理者、教职员及学生。为了保证自我评价的真实性和公正性，还应该有高校以外的代表参加。从管理层和教职员中选出一部分较有影响力的代表、学生代表和校外的代表组成自我评价组织，在一定的办学理念指导下，按一定的评价标准和程序进行评价，形成评价结果，做成自我评价报告书，并将评价结果向高校内外公开。高校教育的教育主体是作为受教育者的学生，学生作为自我评价的组成成员之一，他们的自我评价报告在理论上是最具有说服力的。可是在现实中，高校的自我评价组成成员里很少或者根本没有学生代表，受教育者的权利在评价中没有得到体现，这说明了自我评价在主体组成上存在着一定的问题，也是必须解决的问题。

作为自我评价主体的高校应该切实肩负起评价主体的责任。如果自我评价与评价的结果只是停留在对自己所在高校的介绍甚至美化上，未免与自我评价的本质相差甚远。自我评价如果不与高校自身的改革联系在一起，就会失去自我评价的意义。自我评价必须做到客观、真实。高校应将其作为一种管理经营的手段，有效地利用自我评价的结果，找出学校在教育教学、科学研究、管理运营等过程中的优点和问题，这对高校制订改革发展计划有着重要的作用。通过自我评价进一步发挥高校育人的能动性，激发教师的积极性，努力改进教学，提高科学研究质量，改善经营管理水平，才能实现自我评价的真正目的。

（二）政府作为评价的主体

在一个国家或社会里，对于高校教育来说，其权力当局者就是国家及政府。国家对高校教育实施评价，其本身就已经改变了原来的高校教育管理方式。国家要从高校教育所处的国内外形势、环境出发，宏观上把握高校教育的情况，制定发展策略。国家或政府作为评价主体的评价属于行政性评价或者政策性评价。

以国家或政府为评价主体的高校教育评价，通过转变教育行政部门管理职能，制定相关的法律或规章制度来加强和改进对高校教育工作的宏观管理和业务指导,强化对高校教育教学质量、办学条件等的监测和调控,其目的是促进高校教育事业持续、健康发展,保障和提高整个高校教育的质量,使之发挥更大的作用。国家或政府多是通过设立直属的行政评价机构来具体实施评价。这些直属的国家行政评价机构代表国家意志,根据相关的评价法律文件等制定评价目的、目标、基准、规则、程序等,对高校进行评价。

此外,这种评价实施的一个重要的前提是评价与资源分配有着直接关系。进一步来说,这种评价本身会成为资源分配的一种方法。为什么国家或政府能够成为高校教育评价的主体,这里涉及评价权力问题,或者说是资源分配权力的问题。资源分配的主体一般是资源拥有者或管理者。实际上,现在社会的特征显示,管理者是最具有资源分配权力的,他们与资源拥有者有着密切的关系,因而成为上位者。上位者评价与之相关联的下位者被认为是理所当然的,这种权威性来自资源的所有权。在规范哲学中,正义论认为:市场上的交换存在着性质截然不同的两种形式,一种是交换性正义,一种是分配性正义,前者在平等的基础上具有自主的性质,后者在上下关系中存在着权威性。例如,在社会中上司评价下属,在学校里校长评价教职员工、教师评价学生,这种上下级评价是现实中所存在的。那么,国家或政府为主体的高校教育评价就属于上级对下级的评价,它的权威来源于所属关系和资源的分配。

(三)第三方机构作为评价的主体

第三方机构作为评价主体对高校教育实施的评价我们称之为第三方评价。第三方评价机构是非高校、非政府性的,又与高校和政府有着密切关系,是非营利性的组织机构。它应该具有独立的法人地位,拥有自主权,是一种专门性较高的高校教育评价组织。第三方评价应该具有真实性、客观性、透明性和科学性等特点。评价结果应该向被评价的高校和整个社会公开,其主要目的在于为政府和高校的决策与改革提供咨询服务和重要依据,完善高校教育信息市场。第三方评价在保障和提高高校教育质量、优化高校教育结构、使高校教育可持续发展等方面发挥着重要的作用。

第三方评价的组织主要是由具有较高的责任感、丰富的高校教育经验的学者、专家等构成,组成成员多来自高校、高校教育研究、管理等部门。由知名学者和专家组成的评价队伍,是第三方评价权威性的主要来源。这些知名的学者和专家凭借着他们丰富的教育教学、研究管理等知识经验和理念,在国家高校教育方针政策的基础上,制定高校教育评价的目标、标准、指标、内容、方法、程序等,按照具体程序,本着高校自主与协商的原则,对高校进行评价。

高校已经实施了以保障和提高自身的教育教学、科学研究、经营管理为目的的自我评价,为什么还需要第三方评价?这里存在着"不识庐山真面目,只缘身在此山中"的一个哲理性问题。由于各高校的办学理念、发展的历史、类型、层次等有所不同,作为高校的最高决策者的管理经验和水平等也存在差异,在制定自我评价的目标、标准、内容、方法等方面存在着合理性问题,同时也存在着评价的过程、结果等是否真实、客观等问题。这些问题的发现及合理的解决方法的建议提出等需要一个科学的、客观公正的第三方来评价。

第三方评价的主体也应该多样化。一个第三方评价机构未必要对高校教育所有领域进行综合性评价,可以根据自己机构的组成成员的特点及实力,对高校的一个或部分领域实施评价,这样可以保证评价的专门性和科学性。像这样由多个具有专门性的第三方评价机构形成的第三方评价系统,如果能够真正地、充分地发挥系统功能,那么对于保障和提高高校教育质量就有着重要的意义。

二、对高校教育评价多元论的评判

多元论是在某些特定的场合,综合性地肯定和接受某种事物的多样性的立场或观点。对于事物而言,它的存在是由这种事物本身的价值所决定的。价值多元主义是哲学性的伦理学之中的一种思想,其认为:在现实中,同等地存在着正确的、根本性的多种价值,这些价值是相互矛盾统一的。在多种情况下,它们之间是不能相互替换的,因为它们不具有客观的序列性。高校教育评价的多元化形成是因为这种评价本身存在着多元化的价值,它不仅表现为评价形式的多样化,还表现为评价层次和内容的多样化。这种根本性主要来源于高校教育的多元化发展。在高校教育评价领域里存在着多元的评价主体、多元的评价对象、多元的评价标准等。

(一)评价主体的多元化

高校教育由谁来评价?这个"谁"就是评价的主体。主体之所以具有评价的权利,是因为它们是高校教育的利益相关者。随着高校教育的发展,高校教育的社会价值越来越大,所作用的社会领域越来越多,利益相关者也自然越来越多,多元化评价主体的产生也就成了一般性的道理。在现实中,多元化主体的产生还与一个国家的高校教育发展阶段、国民的民主性觉悟、具体的国情等有着密切的关系。

按照高校教育评价主体产生的顺序,应该是高校自身作为评价的主体最先登场,因为它所担负的高校教育的责任最直接、最重要。随着高校教育的市场化进程,作为高校教育消费者的学生和家长的民主意识不断提高,对高校教育的要求也不断增加,即要求他们所购买的"产品"在质量上得到保障,在社会中得到认可,因此,高校不得不在"产品"的附加值上下功夫,以赢得消费者的信赖和承认。而将这种理念作为前提,高校就要付出实际行动,不断地用自己的手改善自己、改革自己,保障和提高自己的质量。从"入口"到"过程"再到"出口",不断地检查和评价,并把上一次的评价结果作为下一次评价的开始,循环往复,不断地改革和创新。

高校教育的发展也会反作用于国家与高校的关系。在高校教育不同的发展阶段,这种关系的体现也有所不同。他们之间由原来的"权利"和"义务"关系,逐渐地向"管理"和"责任"的关系转变。在"管理"和"责任"之间会存在着一个"纽带"或"桥梁",这个"纽带"或"桥梁"就是评价。评价产生的同时就会出现评价的主体,国家对高校教育的评价其主体自然是国家或政府。国家或政府通过制定高校教育的大政方针来引导高校教育发展。高校教育大政方针的制定必须在国家高校教育事实的基础上进行,事实来源于评价的结果。国家或政府作为高校教育的评价主体的产生和存续,其价值是无法替换的,其意义十分重大。

在国家和高校之间存在着既"非此非彼"又"亦此亦彼"的第三方。第三方评价主体必须对国家和社会负责,与高校之间存在着平等、自愿、协商的关系。在"高校教育评价时代"的今天,第三方评价主体的产生和发展,既能够丰富高校教育评价的形式和内容,又能够客观、科学地保障高校教育质量,为高校接受外部评价提供更多的选择空间。它所存在的价值在于客观、公正、真实、科学、公开等,这种价值是其他任何评价主体都无法替代的。

评价主体的多元化是"高校教育评价时代"到来的基本特征。多元化的主体从不同的侧面对高校的教育教学、科学研究、管理经营、社会服务等各个方面进行检测、监察,对具体高校的改革与发展提出意见和方法策略,保障高校教育健康发展。

(二)评价对象的多元化

随着高校教育的不断发展,高校呈现出多类型、多层次的发展趋势,有国家直属高校、地方高校、民办(私立)高校、中外合作办学等,有研究型大学、教学研究型大学、教学型大学、高职高专等,有历史悠久实力雄厚的大学,也有新建本科院校等。这些多样化发展的高校是与社会发展的需求相适应的,为社会发展培养各级各类、不同规格的人才。由于各高校的具体职能不尽相同,他们存在的价值也有所不同。正是这些职能、价值不同的高校的存在使高校教育评价的对象呈现出多样化。由于高校教育评价对象的多样化,相应的,高校教育评价的形式也会向多元化方向发展。

高校教育发展的历史表明,高校教育的功能在不断地扩大,高校的职能也在渐渐地增加,现在已经形成了被学界和社会公认的三大职能,即培养人才、科学技术研究、直接为社会服务。随着高校教育的发展还可能会出现更多的职能。就三大职能来说,高校是否真正地发挥了它的作用,或者如何保障和提高三大职能发挥作用的质量,需要对其进行评价。把高校的社会职能作为评价领域,这个领域也是多元的。评价领域的多元化也会影响到高校教育评价的多元化。

高校培养人才,目前为止主要是按着院系和专业来培养。由于高校的不同,所设的院系和专业也不同,同样名称的院系及专业在不同的高校,其教育教学、科学研究等的水平和质量也存在着差异。如何保障相同专业在培养人才和科学研究上的质量,近年来受到人们的普遍关注。把专业作为评价对象,这个对象更加广泛,更加多元化。

高校教育评价对象的多元化会使高校教育评价出现多种类型。如根据评价对象的不同,会产生针对研究型大学的研究型大学评价、针对教学研究型大学的教学研究型大学评价、针对教学型大学的教学型大学评价、针对新建本科院校的新建本科院校评价、针对高职高专的高职高专评价;根据评价领域的不同,也会出现针对培养人才领域的教育教学评价、针对科学技术研究领域的教育研究评价、针对直接为社会服务领域的社会服务评价。把不同的院系或专业作为评价对象,就会形成多种专业评价。在这些评价之间存在着类型和层次的区别,它们既可以完善高校教育评价系统,也能够使高校教育评价向高度专门化方向发展。

(三)评价标准的多元化

高校教育从精英教育发展到大众化教育再到普及化,是随着科技和经济发展到一定阶段,人们对高校教育追求的增加和国家及社会对高校教育需求的不断扩大所形成的。它的原动力来源于高校教育的"内推"和"外引"。"内推"就是个人对高校教育内在需求的增加,"外引"就是国家的高校教育政策制度。从高校教育哲学层面上讲,这是认识论和政治论相互作用的结果。高校教育是否能够满足个人、国家和社会的需要是高校教育评价的哲学依据。高校教育评价标准对于高校教育评价来说,是一个极其复杂而重要的问题。大众化及普及化阶段的高校教育,也存在着精英教育,这种复杂的教育形式决定了现在的高校教育评价标准应该是多元化的。

在多样化的高校教育市场需求之中,评价主体要充分考虑这种供求关系。在评价标准的制定上,应该具体从两个方面出发:一个是个人的需求。各高校各自在多大程度上能满足哪一类受教育者的需求,这是评价主体在制定评价标准的时候应该考虑的重点要素之一。围绕着培养人才和满足个人的需求,会涉及具体高校的各个方面要素,如教育教学、管理运营、历史特色、地理位置、物质资源、师资构成、学生情况、专业设置、学科建设、学术科研、社会声誉、发展潜力等。另一个是国家和社会的需求。国家和社会的需求是随社会发展而产生的,并逐步呈现出多样化特征,是基于国家和社会的政治、经济与发展情况对劳动力、专门人才、科学技术等要求而产生的对高校教育支付能力的需要。这些需求主要来自政治、经济、文化、科技、人才等领域。评价主体在制定评价标准的时候,对于高校在多大程度上能够满足国家和社会的哪些需求,也是必须考虑的重要因素。

由于高校教育发展阶段的不同、高校的类型和层次不同,在满足受教育者个人、国家和社会的需要程度的价值判断上也有所不同,因此,对其评价的标准也应该是多样化的。高校教育评价主体如何制定评价标准,与这个主体判断高校教育的价值尺度有关,作为评价的主体必须清楚地把握现阶段的高校教育状况,国家和地区在政治、经济、科技等各个方面对高校教育的需求,并且能够科学地预测高校教育发展的未来,这是制定评价标准的基本前提。评价主体多元化,其评价的目的也有差异;评价对象多元化,其评价的内容也有所不同。因此,高校教育评价标准也应该是多元的。

三、对高校教育评价政策的哲学分析

伴随着我国高校教育评价工作的开展和对高校教育质量的追求,从 1985 年国家颁布第一项高校教育质量评价政策,到如今评价贯穿于各项有关高校教育质量工作的政策中,作为高校教育不可缺少的一个重要组成部分,高校教育质量评价政策经历了一个不断发展、不断成熟的过程。

(一)从战略设计上看,高校教育质量评价政策经历了一个由一般到具体的发展过程

1985 年颁布的《中共中央关于教育体制改革的决定》指出:"教育管理部门还要组织教育界、知识界和用人部门定期对高校的办学水平进行评估。"这是我国政策中第一次对高校教育评估提出明确的概念和要求。此后,理论界围绕高校教育评估对象、目的、意义、评估标准、指标体系、评估方法、国外高校教育评估等展开了探讨。与此同时,由国务院、教育部(原

国家教委)等制定的关于开展高校教育质量评估的有关规定、条例、方案陆续出台。

我们无需将多年中的这些文件罗列出来，但从我国高校教育质量评价政策的主要内容可以看出，我国高校教育质量评价政策从无到有，并且一直贯彻在各项加强本科教学工作的文件中，政策设计也从粗放式的简单要求到具体、详细的评价规范。如从评价概念和要求的提出到评价管理机构的职责划分，从初时的政策文件到以立法的形式确定高校教育评价，从高校教育宏观调控体系与评价制度的建立到不同科类高校开展教学工作评价制度的形成，从教育主管部门对高校的评价到建立高校内部教学质量检查监督的措施和办法，从教学工作水平评估原则的确立到对指标体系、等级标准、评估结论、评估方针的明确规定，政策设计的指向性越来越明确，对评估工作的指导和规范作用逐渐加强。到目前为止，可以说在任何一项有关高校教育质量的政策中，评价都成了不可缺少的重要组成部分。

(二)从本质上看，高校教育质量评价政策经历了一个从工具性价值到目的性价值转变的过程

高校教育质量评价政策包括两个方面的价值：一是对高校教育质量评价的统筹规划、发展方向所制定的指导原则，主要是协调高校教育质量评价的内部关系；二是国家高校教育质量评价活动的方向和评价发展目标，主要是协调高校教育质量评价的外部关系。内部价值着重于解决高校教育质量评价活动的内部矛盾，即通过解决质量评价生存和发展的应然目标与实然状态之间的矛盾，最终达到使受教育者全面自由、和谐发展的目的。高校教育质量评价政策的内部价值，主要是以合乎质量评价和人的发展以及合乎的程度来评判。这种价值可以称为高校教育质量评价政策的目的性价值。而评价政策的外在价值着重于解决高校教育质量评价的外部关系，具有一种国家功利主义的价值取向，称为工具性价值。从本质属性来说，高校教育质量评价政策的内在价值高于外在价值，高校教育质量评价政策的目的性价值高于工具性价值。

我国政府在评价政策制定过程中，坚持国家发展与高校教育质量保障的统一。一方面通过评价提高高校教育质量，视高校教育质量为其参与国际竞争和满足社会对人才需求的工具。另一方面，国家权力通过评价政策，调集大量资源发展高校教育并解决教育质量中出现的问题。从国家利益与高校教育利益的关系来看，鉴于我国的社会实际以及教育地位的低落和发展方向的迷失所造成的种种弊端，在现阶段出台的评价政策中，相对突出的是第二个方面，即重视其内在价值，尊重高校教育自身发展的内在需求，引导高校教育质量评价各项工作规范、有序地开展，从而促进高校教育质量的不断提高，为社会整体进步提供原动力。可以说，我国高校教育评价政策的演变过程是一个从工具性价值到目的性价值不断升华的过程。例如，《普通高校教育评估暂行规定》是第一次对高校教育质量评估进行立法，指明普通高校教育评估的主要目的是"增强高校主动适应社会需要的能力，发挥社会对学校教育的监督作用，自觉坚持高校教育的社会主义方向……更好地为社会主义建设服务"，强调"普通高校教育评估应坚持社会主义办学方向，认真贯彻教育为社会主义建设服务、与生产劳动相结合、德智体全面发展的方针，始终把坚定正确的政治方向放在首位，以能否培养适应社会主义建设实际需要的建设者和接班人作为评价学校办学水平和教育质量的基本标准"。政

策行文中"社会主义办学方向""高校主动适应社会需要的能力""正确的政治方向放在首位"等措辞,彰显了高校教育质量评价政策的工具性价值。到了《中国教育改革和发展纲要》的提出"建立各级各类教育的质量标准和评估指标体系。各地教育部门要把检查评估学校教育质量作为一项经常性的任务……对职业技术教育和高校教育,要采取领导、专家和社会用人部门相结合的办法,通过多种形式进行质量评估和检查。各类学校都要重视了解用人单位对毕业生质量的评估",政策行文开始转向强调不同类型高校的评估和不同形式的评估,转向对人的发展价值的关注,倾向于促进受教育者全面自由、和谐发展的目的。而其后的一系列评估政策,包括分科类高校评估、评估的组织、评估的要求、评估的指标体系的变化、评估的措施、方法的规范等,都是为了协调评估过程中的内部关系,为了对评估进行统筹规划和发展进行指导,促使评估从实然状态走向应然目标。

（三）从功能上看,高校教育质量评价政策经历了一个从基准控制的导向功能和奖优罚劣的调节功能向提高质量的管理功能的转变

教育政策的本质决定了教育政策具有导向、调节和管理的功能,从而使教育政策具有客观的价值属性。高校教育质量评价政策也是如此。20世纪80年代中期至90年代中期发布的高校教育评价政策,赋予了质量评价基准控制和奖优罚劣双重功能。《中共中央关于教育体制改革的决定》明确指出,"教育管理部门还要组织教育界、知识界和用人部门定期对高校的办学水平进行评估,对成绩卓著的学校给予荣誉和物质上的重点支持,办得不好的学校要整顿以至停办"。《普通高等学校教育评估暂行规定》提出,高校教育评估是"对学校办学水平和教育质量做出评价,为学校改进工作、开展教育改革和教育管理部门改善管理提供依据"。这些都是通过评估对高校办学基准和质量进行控制的体现。此后的许多评价政策也关注了不同类型高校之间、不同集团之间的差异,有效地协调了它们之间的关系,保证高校教育事业平衡有序地发展,为高校的分类发展奠定了基础。

第三节 高校教育质量评价体系的实践要素

就高校教育的质量评价体系研究和高校教育质量保障体系研究而言,关于"质量评价"和"质量保障"这两个概念,本研究在查阅文献和研究的过程中发现,国内这两方面的研究和概念界定存在相互套用的情况。其实对于高校教育质量管理来说,高校教育质量评价和高校教育质量保障是既相互联系又相互区别的,这两个概念在高校教育质量观中有简单的区别。为使研究更加集中和有针对性,本研究再次对其进行概念厘清。

高校教育质量评价指的是"以高校教育为对象,依据教育目标,利用一切可利用的评价技术和手段,系统地收集信息,并对其教育效果给予价值上的判断,为做出决策、优化教育提供依据的过程"。也就是说,高校教育的质量评价体系实际上是建立在收集信息的基础上,以价值判断为目的的过程。从世界高校教育发展来看,高校教育质量保障制度的普遍建立已经成为大势所趋。但是,国外的高校教育质量管理制度经验都说明质量保障制度是建立在质量评价制度之上的,也就是说质量评价是质量管理制度的基层建设,质量评价所得出的

相关的价值判断和信息是质量保障和质量改进的基础数据。通过访谈国外相关大学内部评价管理人员和分析他们的评价报告,我们发现院校内部质量评价体系的完善需要充分发挥基层学术组织在专业发展、人才培养上的作用。

一、行政管理模式的转变

改变院系型的行政管理模式,确立知识型的学术基层组织制度。从理论上来说,学科是大学的细胞,是大学教学科研发展的基础所在。学科这些极其重要的单位,可以被看作是一种组织的基础。高校从整体上来说实质就是一个学术组织,是一个学科群的集合体,越到基层越倾向于某一单一学科体系,这样才可能符合其整体学术性的要求。因此,基层组织的学科属性和学术特性是由大学与生俱来的特性所决定的。教学、科研和为社会服务的大学三大职能,其实质都是知识创新。教学职能是通过人才培养达到知识的传承,继而为知识创新做准备;科研职能是通过科学研究直接进行知识的更新换代;为社会服务是建立在教学和科研基础上的。当然,这些知识创新需要制度保障,而以学科为基础的知识本体模式则成为此创新的重要载体,这样的基层制度建设才是成功而有效的。

知识本体模式的基层组织制度是人才培养创新的基础,它为课程多样化和灵活性的设置提供可能。只有建立在知识本体模式之上的课程设置、教学、评价,才可能给予授课教师最大的权限和责任。这样才可能保证在课程设置之前,授课教师有充分的主动性来进行市场分析、学生调查,并根据相关信息具体设计出最符合知识发展的人才培养目标,或者是最符合学生需要、最符合市场需求的课程内容、教学方式,并能够根据学生的评价来适时调整教学内容和教学方法。

以多样化课程组合而形成的模块课程学位制度必须建立在知识本体的基层学术组织模式基础上。"如果你正在寻找一个硕士学位,我们灵活的课程设计将在你需要的专业领域提供更加专业化的知识,并为你提供更加广泛的学修课程整合在你的课程模块中,以适应你个人兴趣和需要。当你并不确定你能够承担所有的硕士学位课程时,你也可以选择灵活的PCES的课程模式。"以上这段话正好说明了在同样的学位背后可以通过多样化的课程模块来满足多样化的学生需要和市场需要。而多样化的课程模块需要学科间的自由互动和交流,学科是相对独立的,知识是综合的,知识本体的基层学术组织建设将为这样的学科交流提供空间和可能。

反观院系实体模式,课程设置模式可能改变自下而上的知识出发途径,遵循自上而下的管理思维,从大学发展和社会发展需要出发,这样就会忽视知识、市场和学生发展需要;而站在知识前沿的教师则因为没有基层发展责任而丧失了参与课程设置的动力和机会。此外,在各自为政的院系实体中,学科间的交叉交流空间相当有限,封闭的院系限制了学科交流的可能,学科孤立发展模式违背了知识融合的规律,只会导致学科发展越走越有限,人才培养机制越来越狭窄。知识结构的不合理导致创新型人才培养的空间相当有限。可见,只有符合知识发展规律的知识本位的基层组织模式才可能在大学的教学职能中、在人才培养内容和模式创新中有所作为。

二、内部评价制度完善

扁平式和分权并立的管理模式保证了大学内部评价制度的完善。该模式的形成符合质量管理"改进和转变"的理念。管理"精致化"是当代管理改革的趋势。扁平化强调压缩管理结构,减少管理层次,下移管理重心,提高信息传输效率,增强系统适应外界变化的灵活性。分权化强调分解权力、职能和责任,创设竞争环境,激发系统活力。但是过分强调扁平化,会影响管理结构下移管理重心,可能导致中心管理事务过于庞杂;过分强调分权化则可能导致基层组织间的过分攀比竞争。二者的结合在大学的管理结构中表现清楚:一方面,大学中心的管理职能和权力、责任通过学部、学院各级组织逐级下放,首先实现分权管理;另一方面,中层管理学部的出现、学部数的减少既符合学科融合的趋势,也是整合管理层级的需要。职能和政策的执行可能是三层结构也可能是两层结构,可能是从大学中心管理通过学部再到学院的正常传输过程,也可能就是从大学中心管理直接到学院,还有就是在学部和学院两级间解决的事务;当然,一切都视具体情况而定。

从管理结构来看,学术行政采用分立模式,行政服务学术理念稳固,不同学术部门间既为保持学术独立和自治性而相互分立,又通过学部为学科间的融合发展保持可能,这样的模式为教学、科研上秉承学术独立性提供了切实的内部保障机制。而通过大学层面的学部间的交流来从中观层面上推动基层学术组织的学科融合和发展,既符合知识发展的逻辑,也符合问题研究范式,更是一种加强大学内部良性竞争合作的管理模式,有利于促进以知识本位为基础的基层学术发展。学术和行政分立模式,一方面保证行政以学生服务为中心的工作理念,学术领域内以学部为统筹,以学院为主要教学科研单位,学院和中心的并立存在都为以研究引导教学的理念提供了可能;另一方面,学部减少,学科间融合趋势加强,加强了学科交流,打破学科壁垒,为教学法的相互学习提供了新的渠道。

三、多层次质量评价

大学内部推行以基层质量评价为基础,中层关注质量保障,高层关注质量改进,人人为质量负责的质量评价制度。

(一)建立在课程审批、教师发展、学生评测和学生反馈基础上的基层质量评价

根据对教学质量以及质量管理战略的理解,高校教育机构应当对四个影响教学质量的要素进行重点规范。这四个要素分别是:新课程或模块的审批、教师发展、学生测评、学生反馈。新专业(包括新课程或模块)的开设被视为是对教学质量影响较大的一个因素,因此,其审批过程也十分严格。一个本科专业从提议开设到获得批准,需经过下列机构的层层审批:学系委员会、学院本科生学习委员会和附属学院或研究生学习委员会、学院委员会、评价与审批委员会、学术质量与标准委员会、学校参议院。合作开设课程还须由合作与远程学习分委员会审批。大学对上述各机构应具体考虑的问题都有详细指导,以规范其审批工作。概括地说,它们主要考虑新专业的可行性和学术合理性问题。可行性问题包括有关专业所需资源、市场需求、是否符合外部规则与标准等;合理性主要指学术合理性,包括对诸如专业设

置的目的、培养内容、课程结构、教学方法安排以及测评方法的合适性等进行考查。在新专业评审中,不但应该重视专业的学术合理性,而且应该重视专业的市场需求情况,因此要求申请单位必须提供详细的市场调查情况,尤其重视雇主的意见。专业审批过程中,后一环节首先要对前一环节的审批程序执行情况作一个大概的了解,以监督并保障课程审批工作的执行,使审批过程环环相扣,保障各阶段工作的落实。

教师发展制度主要由学术实践中心和大学学术成员发展与评价委员会负责,其内容包括开设系列课程和培训、提供资助和安排学术活动。课程和培训涉及教学、测评、研究、学生管理、行政以及个人发展等方面。这些项目都是向所有人开放的,一般时间短,但针对性强。而对于试用期的教师,大学设有专门的"introduction"项目,包括教学准备、教学发展、教学评价、导师个人角色、研究导师等课程,以帮助新教师迅速适应工作,并融入校园文化之中。在提供资助方面,主要是供教师参加有关学术会议或相关培训。大学为教师提供的发展项目同样也要接受有关部门的评价和监督,以不断改进和提高发展项目本身。

学生测评应当被视为检查课程教学效果的重要环节。在这一环节,学生和教师能同时获得有关其学习和教学的反馈,从而帮助改进学和教。大学应该通过外部监察制度及时采用学生测评反馈的方式,充分发挥学生测评在促进教学质量上的积极作用。所谓测评反馈,指将测评结果及时反馈给学生,帮助他们改善学习。大学要求各机构将测评反馈的时间、方式等以制度方式明确公开,并针对公开制度建立评价机制。在课程开始之前,有关机构要将预期的学习要求以及反馈形式公开告知学生,以保证学生事先对课程的学习结果有完整的了解,并明确学习过程各步骤的要求。这样就使学习、测评和测评反馈联结成一个回路。学生根据测评反馈进行改进,改进的情况将在下一轮学习和测试中体现出来;然后教师再次给出测评反馈,并根据上一次的情况进行调整。如此循环往复,以保障学生学习质量的不断提高。

学生对课程和教学的反馈意见越来越被认为是保证课程质量的十分重要的方式。大学通过各种方式收集学生的反馈意见,并通过师生联络会以及学生代表在各委员会中的任职来直接反映情况。收集学生反馈意见主要是通过问卷形式,由课程领导负责,在学系这一层面进行。通过问卷,大学可以获得学生对专业及课程设置、内容和组织以及课程教授等方面的评价,以不断完善专业和课程模块。在对单门课程的评价中,大学也要求学生进行自我评价,评价自身出席课程的情况以及努力的程度,以保证学生相对客观地看待有关课程问题。近年英国华威大学出台了有关问卷设计、方法以及结果分析等方面的指导性文件,旨在指导学系更科学地设计问卷及其数据,以改进和提升课堂设计和教学实践。

师生联络会是学生就有关学术问题发表意见的重要的正式渠道,它还监督各学系对学生反馈意见的采纳情况。这一机构各系都有,由学生领导每年定期召开会议,学生可以就教、学以及学生支持等方面的问题展开讨论,提出意见,学生的主要观点将通过该组织向有关委员会汇报。在实施监督职能上,学系要将其针对学生反馈意见采取的措施向学生学习委员会报告。学生学习委员会要向学院提交年度报告,在明确大学范围内的优秀操作实践以及存在的问题后,由学院向大学质量保障机构汇报。

(二)建立在课程定期评价、年度评价基础上的中层质量保障机制

要素规范作为质量保障体系的建设性部分,其实施情况要接受大学评价。作为督促的主要方式,大学需要通过各种形式的内部评价定期检查院系教学质量保障工作。这些形式主要有课程定期评价、课程年度评价以及学系年度评价。

第一,课程定期评价以学院为主体,学系的自评报告基础上进行各系的自评报告上交学院委员会,学院委员会汇总后上报院校质量保障机构。该评价每五年一轮,以单门课程为单位开展,旨在鼓励各系对课程发展进行长远考虑,刺激新的课程设计并保障各系教育质量的提高。确定好评价的课程及时间后,学系将自评报告提交给学院委员会,后者将组织评价小组开展评价。评价小组成员不得少于三人,且都是外系学术人员,一个必须来自外院。他们对被评价学系提交的下列材料进行详细汇报和反馈:①自我评价报告(包括学术数据库中的有关数据);②上一次定期评价的报告;③外部评价和任何外部专业团体的认证报告,以及在AQSC指导下针对这些报告中提出的问题采取的有关措施;④过去三年的外部监考员报告;⑤上一次定期评价以来的所有有关课程的年度课程评价报告;⑥外部成员的详细意见(如果他们不能参加评价会议的话);⑦学生手册和鼓励性文件;⑧SSLC的年度报告,以及根据评价小组的判断抽选的部分 SSLC 文件和学生反馈文件、问卷以及对它们的分析;⑨课程详细介绍;⑩相关的学科标准陈述。

上述材料中,除了自评报告外,其他文件都是已经存档的材料,这样避免了因评价给系里带来过多的麻烦,影响其日常工作。自评报告的主要内容应包括:课程要求是否恰当,在多大程度上达到了预期的教学效果,课程教学中有没有采用现代技术,是否促进了学生的技能发展,课程结构和内容的改进效果如何,学生的学习效果和学习机会如何,以及系内对课程的检查和监督方法是否有效等方面。

评价小组组长和秘书对上述材料进行检查并通过之后,将召集系里师生召开评价会议,重点讨论和评价课程的效果以及优缺点,然后提出改进意见。最后,评价小组秘书将起草总结报告,提交给 AQSC,同时给系里一份,要求系里书面回应报告的结论和建议。系里的回应以及委员会针对有关问题的解决方案也须向 AQSC 汇报。

第二,课程年度评价主要由课程组组长负责组织和实施。课程组组长召集所有与该课程有关的教员以及部分学生开会,针对该课程各方面的反馈信息进行讨论。这些反馈信息主要来自学生反馈或问卷结果、考试结果、外部监考员报告、外部专业团体的学科认证报告、师生联合会的文件及年度报告、雇主或其他利益相关者的反馈等。同时这些材料将与上一年的课程年度评价报告以及课程详细介绍和外部质量管理委员会的相关标准陈述进行比较对照,以明确其进展与不足。会议结束之后,课程组组长将提交一份简单的评价报告,将本年度该课程的进展情况和来年的发展计划报告给系主任,由后者汇总交学院委员会讨论,并公布最佳课程实践和有待继续改进之处。

第三,学系年度评价。学院秘书根据学院所有课程的年度评价报告制作一份综合报告,明确学院内要解决的主要问题和需改进的领域,以及优秀实践案例等。这一报告将向大学质量保障委员会正式汇报。每一份课程年度评价报告随同其后续改进工作的记录都将在系

里存档,以作为将来迎接其他评价之用。

(三)以质量改进为目标的高层质量管理模式

质量评价和保障的终极目标是提高和改进高校教育的质量。以国外某大学内部质量管理结构调整为例,我们可以发现,院校内部质量管理制度的改革和调整是以弱化高层具体质量管理方式为目标,以落实基层具体的质量评价和保障为方式,以强化质量改进理念为指导的路径选择。

例如,国外某大学在 21 世纪时进行新一轮的结构调整。这样的调整符合该大学自身的战略规划:

"我们进行结构调整的目的在于进一步加强大学层面的学术管理和领导力,使得高层的学术管理和执行团队能够和我们学院内具体制定学术规划发展的团队更加紧密地合作。比如我们原来是 6 个学院,现在是 12 个学院,这也就意味着原来只有 6 个学术管理者参与到我们大学的学术发展的研讨中,而现在参与人数增加到 12 人。这样一方面有更多的来自学院基层的学术管理者参与到大学高层的政策策略发展的讨论中来。另一方面,作为新的学院,我们也需要学校管理执行者参与到学院的管理中来,这样能够加强学院和大学层面在管理策略、发展方向上的协调。同时,这也是目前大学内部质量管理的普遍做法。我们这样的调整还因为很多教师、教授来自南安普敦或者其他学校,他们把这些学校质量管理的经验带来,为我校质量管理的理念带来了新的思考。"

该大学调整后的内部质量管理结构是一种典型的层级化管理结构,即从大学中心管理到学院管理再到系管理。质量管理模式首先自上而下进行政策指南的制定,在实施过程中遵循自下而上的报告提交和反馈。大学中心负责大学内部质量保障制度的框架设计和策略规划;基层学术组织则负责大学内部质量评价和管理的具体操作和实施;教师和学生都成为质量管理的参与者和实施者。学术权力最初的源头就来自于师生对学术的认同和质疑以及对质量的观照。而大学层面的学术办公室和教学委员会的责任在于汇总和收集质量信息,根据目前大学的发展情况来制定未来质量发展规划和战略。

第四节 高校教育质量评价体系构建的对策

面对高校教育质量的种种疑惑以及高校教育质量评价自身的种种问题,我国高校教育质量评价正承受着比以往任何时候都要巨大的变革压力。它迫切需要高校教育理论研究者与实践工作者对这些疑惑与问题做出积极的、有效的、令人信服的回应——保证并持续提高高校教育质量,以持续保持对高校教育质量的影响力,创造且不断拓展自己的安身立命之所。那么,在实践中到底应该怎样来设计我们的路径呢?借鉴西方国家开展高校教育质量评价的先进经验和成熟模式,当前可以尝试从以下几个方面着手。

一、更新高校教育质量评价的理念

理念是指引个人思维和行为的价值观与信念。理念是抽象的概括,它不是具体的行为,但能指导行为,指导具体工作目标的制定。高校教育质量评价的理念是在教育评价本身发展规律思考的基础上,对教育评价活动本身的内在价值追求的结果。一旦形成先进的、科学的理念,将是一股引导教育发展与自身发展的巨大力量。目前,我国高校教育质量评价理念落后于评价实践发展的需要,因此,评价理念的更新是重构高校教育质量评价的关键。

（一）树立服务性的评价理念

传统的教育评价具有鉴定和管理的功能,由评价者依据一定的标准对被评价者的工作进行检查、监督,以判断其达成目的的程度,从而实现对教育活动实施监督与控制的目的。在这种评价思想的指导下,评者与被评者处于一种对立的地位,他们之间是控制与被控制、监督与被监督、管理与被管理的关系,从而造成了评价者拥有至高的权力,而被评者处于被动接受检查、等待评估的位置,因此,被评者参与评价的积极性不高,甚至惧怕和反对评价。第四代评价理论认为:评价应是评者与被评者之间民主协商、共同参与的过程,而非仅仅是评价者对被评价者进行价值判断、控制与监督的过程。因此,评价不仅具有判断与管理的功能,更重要的是具有服务与建设的功能。这就要求我们在高校教育质量评价的指导思想上,必须转变以往以监督控制性评价为主的理念,树立起以服务性评价为主的理念,发挥评价的建设性功能。这种服务性评价理念要求评价者在进行高校教育质量评价的时候,要以为被评者服务为宗旨,充分听取被评者的意见与建议,与其建立协商型的伙伴关系,使被评者自觉配合和主动参与评价,通过科学、客观的评价来为被评者提供准确的反馈信息和可行性建议,以帮助其不断改进工作,实现价值增值,从而大大提高评价体系的运行效率和效益;而不仅仅是以管理者的身份对高校进行自上而下质量检查式的评价。同时,服务性评价还要求评价主体实施评价活动时,应尽量站在被评者的立场考虑,通过评价帮助他们改进工作而不是用频繁的检查控制式评价增加他们的工作负担。

（二）树立适应性的评价理念

高校教育进入大众化阶段,呈现出一种多样化的发展态势,其表现为办学主体多样化、办学形式多样化、办学层次多样化和培养目标多样化。它适应了社会对不同层次、不同规格和不同类型的人才的要求,正在逐步成为大众的文化场所和学习场所,不断为整个社会创造新的知识和提供受过高等教育的劳动者,为社会创新注入活力。显然,此时对高校教育质量的评价再继续沿用传统的精英教育的知识质量观(学术质量观)是行不通的,而要"考虑多样性和避免用同一个尺寸来衡量高校教育的质量"。因此,我们在评价高校教育质量时,必须树立适应性的评价理念,以适应性作为不同层次、不同类型、不同地区高校评价的基本要素,而不能抽象、笼统地划分一个标准去评价不同的大学。比如,对自筹经费的大学,只要培养了适应市场需求的专业人才,人才的素质和能力在社会上得到了认可,就可以承认它的教育质量。但需特别指出的是,这种适应并非无视高校教育的自身规律,一味地迎合外部社会需求而失去了高校教育的主体地位,而应该是在外部需求与自身规律之间寻求到最佳契合点。唯有如此,才能在不失高校教育质量的长远追求中,又顾及外部社会的短期质量目标要求。这也体现了高校教育质量一般评价标准应与一定社会对人才需求相一致的质量取向。纵观高校教育发展的各个历史阶段:从注重博雅学识到注重专业基础知识,从注重实践能力到注重全面素质的高校教育质量评价取向的变迁轨迹,均清晰地显示了适应性原则在高校教育实践中的体现。

(三)树立发展性的评价理念

发展性教育评价在 20 世纪 80 年代兴起于外国,是一种与传统的奖惩性教育评价不同的新型评价理念。发展性教育评价以发展为目的纬度,是一种依据目标、重视过程、及时反馈、促进发展的形成性评价。发展性教育评价的特点是:在教育评价方式上,发展性教育评价不仅注重评价对象的工作表现,而且更重视评价对象的未来发展,重在使评价对象增值,是强调"立足现象,回顾过去,面向未来"的评价;在评价目标上,发展性教育评价更强调以促进被评者的发展为目的,是一种依据目标、重视过程、及时反馈、促进发展的形成性评价;在与评价对象的关系上,发展性教育评价重视提高评价对象的参与意识,发挥其积极性,双方建立合作型关系。发展性教育评价以评价对象为发展主体,通过系统地收集评价信息和进行分析,对评价者和评价对象双方的教育活动进行价值判断,实现评价者和评价对象协调发展的目标。

发展性教育评价理念的提出,改变了长期以来站在评价者立场考虑,重视对被评对象的教育效果进行鉴定和区分优劣的终结性评价占统治地位的局面,而以被评者的发展为主要目标,重视对被评者工作过程进行评价和及时反馈,以帮助被评者改进工作,促进其发展。发展性评价可以促进评价者与被评者之间的良好交流与合作,树立被评者主体地位,提高它们参与评价的积极性和主动性,从而提高评价体系运行的效率和效益;发展性评价站在被评者立场考虑,更重视被评者自身的可持续发展,实现被评者自身价值的增值,是一种更重视评价效率与效益的评价;发展性教育评价更重视促进被评者有效改进工作,不仅满足目前发展需要,而且能够促进其未来的持续发展。所以,发展性教育评价是一种更先进的教育评价理念与指导思想,对指导我国高校教育质量评价体系的建构,提高该体系的运行效率和效益有极其重要的意义。

二、优化高校教育质量评价的指标

评价指标是开展教育评价的基础,也是评价活动的重要依据,它决定着评价活动的效果和效率。因此,要改进我国高校教育质量评价工作,真正发挥其功能,保障我国高校教育质量的持续改进和提高,我们还必须优化高校教育质量评价的指标,着力构建我国高校教育质量评价的指标体系。

(一)高校教育质量评价指标的优化价值

从评价学的观点来看,指标是一种具体的、可测量的、行为化的评价准则,是根据可测或可观察的要求而确定的评价内容。从本质上说,它是评价目标的细化和具体化。高校教育质量的评价目标是对高校教育质量进行价值判断,找出问题,提供反馈信息,促进高校教育质量的持续改进。高质量的高校教育标准是高度概括性的、抽象的,它涉及许多方面的目标,包括条件、过程和输出成果方面的高质量。因此,评价指标就必须把这些高度概括性、抽象性的目标细化成具体化的、可测量的、行为化的、可观测到的标准,以此作为评价的依据和准则。但由于每个指标只能反映某一方面的目标,不同的评价指标,在判断评价对象达到预定目标的程序中,所起的作用是不同的。为了使每项指标发挥其应有的作用,就必须赋予各评价指标以不同的权重。这就涉及指标的优化,即根据相关要求(如教育目标、人才培养质量等),运用一定的方法对指标体系中的各要素进行层级分解与权重设计。实践证明,一个设计科学合理而又简单易行的指标体系是成功进行教育评价的重要基础。如果指标体系设计不科学、不合理、烦琐且不可行,不仅不能提高评价体系的效率和效益,而且也得不到科学的评价结果。从这一意义来看,优化高校教育质量评价的指标不仅是必要的,而且是紧迫的。

(二)高校教育质量评价指标的优化策略

我们到底应该怎样来优化高校教育质量评价的指标体系呢?其主要可从以下三个方面着手。

一是要体现完备性。根据评估学原理,一个评估系统的指标体系所反映的广度和深度,应当包含或者覆盖评价对象的全部本质属性。高校教育是一项系统工程,其质量是由多种因素相互作用的结果,包含的属性范围极为宽广。因此,在设计和构建高校教育质量指标时,必须坚持全面的理念,根据高校教育质量的内涵和外延,全面设计指标体系。

二是要体现实用性。指标体系的完备性是我们追求的目标之一,但过于重视细枝末节则会导致评价信度的减低。因此,对高校教育质量的评估,应在保证评估目标能够得到充分体现的前提下力求简易,选取的评价指标要简明且易于操作,同时要有易于观察和收集的确切的数据来源,并最大限度地避免使用主观色彩过于浓厚的综合性指标。这样评估起来,收集信息方便,费时少,主评人员容易掌握,便于配合,误差较小,从而既能保证评估结果的可靠性,又能使评估体系达到简单、经济、实用的要求。

三是要体现针对性。不同类型的学校虽然可以分享共同的教育目的,但每所学校的具体使命、角色作用、关键的成功因素却不尽相同。学校是否明确自己的使命本身就是影响教育质量的一个重要因素,不同类型学校有区别的评价指标有利于引导学校正确把握学校使命。因此,我们在设计和优化高校教育质量评价指标时,还应针对不同层次、不同类型的高校,特别是不同学科、专业,制定适合国情的多样化的教育质量标准。在横向上,应该分别制定研究型、教学型、应用型大学的教育质量标准;在纵向上,也应该分别制定博士生、硕士生、本科生、专科生各自应达到的质量标准。

三、丰富高校教育质量评价的主体

高校教育的质量不仅关系到举办者、办学者的责任和利益,而且与社会、民众,特别是受教育者的利益也密切相关,这就决定了多种力量要求对高校教育质量进行评价。因此,要进一步推进高校教育质量评价的发展,还应丰富高校教育质量评价的主体,积极创建政府、学校和社会共同参与、联动协调的评价机制,使政府教育督导部门、社会中介教育评价机构和学校联合起来,围绕共同目标,从不同角度为高校教育质量提供客观、可信、有效的评价。

（一）政府评价主体的职能转变

教育是在特定的社会历史环境中所进行的一种特殊的社会活动,其面临着家长、学生、教师和社会舆论等诸多潜在冲突的要求。正因为教育要受到一定社会状况的制约,于是,对教育质量进行评价也自然成为社会公众与政府部门均普遍关心且自觉参与的社会活动。在计划经济时代,政府是高校教育资源的唯一投入者,也就成为唯一进行高校教育管理的权力主体,直接控制着高校教育质量评价的方方面面,承担着对高校教育的无限权力与无限责任。因而在传统的高校教育质量评价中,政府是唯一的评价主体,一切评价活动均以政府的价值观和利益需求为取向,重视对投入资源、办学条件的评价,忽视对高校教育产出以及绩效的评价,从而造成了责任机制的缺乏和效率的低下。随着高校教育管理体制、投入体制的不断改革,政府已不再是高校教育评价中唯一的权力中心,因此,理应转变职能,减少对高校教育质量评价的直接干预,而应使更有管理优势的社会与高校承担更多的责任。但是,政府职能的转变并非意味着政府对高校教育责任的放弃,政府只是从没完没了的琐碎小事所淹没的平原上撤退,进而在明朗的、可策略性"总揽全局"的制高点避难。政府的主要职责是通过制定高校教育质量评价政策、法规等,对评价机构的组成及其评价活动的实施加以规定、监控和调节,从而保证评价机构的权威性和评价活动的公正性。同时,政府及教育主管部门还要利用评价结果制定高校教育发展的有关规划,从总体上、宏观上调控把握高校教育的发展方向,控制高校教育的总体发展水平,并且通过某些其他方式促进高校教育质量不断地改善与提高,使其更符合国家的利益需要。

（二）自我评价主体的功能发挥

自评是指评价客体进行的自我评价,它是客体对象主体化的行为,是一种自觉主动的行为。自我评价是高校内部自行组织实施的评价,它是对教育活动进行自我调节和自我完善的重要手段,主要功能是优化教育过程。高校自我评价不仅是同行评价等外部评估的基础,而且是高校教育质量评价中"独立的校内评价过程",是高校教育质量保障体系的重要组成部分,是高校教育评价的成功所系、生命所在。正如学者所指出的"只有给予自我评价以足够的重视,才会使教育评价的积极作用得到尽可能大的发挥",以实现评价的目的。但从当前我国高校教育质量评价的现状来看,真正意义上的高校自我评价制度并没建立起来。高校缺乏自评的积极性和主动性,其所进行的自评只不过是政府评价的一部分,是为政府评价收集信息的过程,具有某种强制性,容易出现形式主义、弄虚作假的现象。虽然部分高校内部也设有教学质量管理办公室或教学评估办公室,并定期开展评教评学等评估活动,这的确是一种进步,但还远远不够。由于这些高校开展的自评大部分都是阶段性、临时性、应急性、总结性的,而没有作为学校的经常性工作,当然也就没有开展形成性、日积月累的自评工作,这也是当前高校自评耗费大量人力、物力、财力,却造成评估、教学颠倒的直接原因。要改善这种现状,就必须改变政府控制下的以为政府评价提供信息为目的的高校自评模式,由高校自主地自下而上建立起自我发展、自我约束的高校教育质量内部评价体系。

（三）社会评价主体的积极介入

对于教育的社会评价,《教育评价辞典》中的界定是:"社会评价是由具有一定权威的社会团体不受任何教育主管部门委托,独立地对教育活动进行的评价,是社会用人单位对学校培养学生适应社会需要程度进行的评价。"还有学者认为:"教育的社会评价是以教育系统外部的社会力量为主体,从社会发展和人民群众需要的角度,对教育行为或现象进行价值判断的活动。"一般来说,高校教育的社会评价主体包括各学术团体、专业协会、专门的社会评价中介机构、私人团体、毕业生雇主、新闻媒体等,他们代表了广大社会各利益集团的利益,是高校教育的主要利益相关者。在我国高校教育评价由单一评价主体向多元评价主体转化的过程中,高校教育评价除了由政府评价和学校自我评价外,还需要一种站在"公众"的角度,真正按"公允"的价值标准对高校教育进行公正评价。因此,在高校教育质量评价体系中,必须重视充分发挥由非政府的社会团体、民间组织以及公民个人参与高校教育质量评价的权利,并且促使他们更加有效地履行其应承担的责任和职能,即需要社会评价主体的积极参与和介入。正是基于这样的认识,教育部明确提出:要进一步转变政府职能,建立评价中介机构,成立具有独立法人的"教育部高校教育评估中心",不断提高评估工作的专业化和科学化水平,并且建立起社会评估中介机构的资质认证制度。高校教育教学评估中心可以带动地方政府、教育行政部门建立相应的评估监控制度和组织机构,促进高校建立自我发展、自我约束的内部质量保障机制,积极引导和培育社会评估中介机构,形成由国家控制、评估机构评估、高校自我评估和社会监督共同组成的完整的教育质量保障体制。

四、完善高校教育质量评价的方法

高校教育质量评价的方法很多,但没有哪一种评价方法和手段是绝对优异的,它们都有各自的适应范围,只有将多种方法结合起来,发挥各自的优势和作用,才能从不同的侧面反映实际状况,增强评价的准确性。因此,在评价高校教育质量时,还应使用综合化的评价方法。具体来说,就是要实现"四个相结合"。

(一)定量评价与定性评价相结合

定量评价是采用数学的方法,收集和处理数据资料,对评价对象做出定量结果的价值判断。如运用教育测量与统计的方法、模糊数学的方法等,对评价对象的特性用数值进行描述和判断。定量评价强调数量计算,以教育测量为基础,具有客观化、标准化、精确化、量化、简便化等鲜明的特征,并在一定程度上满足了以选拔、甄别为主要目的的教育需求。定性评价是根据评价者对评价对象平时的表现、现实和状态或文献资料的观察和分析,直接对评价对象做出定性结论的价值判断。如评出等级、写出评语等。定性评价是利用专家的知识、经验和判断进行评审和比较的评价方法。定性评价强调观察、分析、归纳与描述。高校教育质量的构成要素(如规格、效益、特色等),既有确定性又有不确定性,这就要求对高校教育质量所实施的评价与控制必须遵循定量与定性相结合的原则,凡是能够用一定数量确定的,应尽量给出定量要求,而对一些抽象层次高、找不到典型价值事实的评价对象,则应以定性评价为主。如评价标准中的办学理念、办学特色等,无法进行量化评价,只能采取定性分析。唯有如此才有可能做到评价与控制的客观、公正和全面。

（二）单项评价与综合评价相结合

单项评价是对评价对象在某一方面的评价，或者指评价对象在某一时间范围内的工作评价。单项评价不仅能为改进某一方面的工作提供依据，而且能为被评价者提供今后工作努力的方向。缺少单项评价会导致综合评价结论的表面化和简单化，因此单项评价是综合评价的一个重要组成部分。综合评价是用动态的、发展的眼光，对评价对象工作的各个环节进行系统的、全程的、较长时期的、循环反复的评价。综合评价不是单项评价的累加，而是对被评价者全方位的、多角度的综合各种因素的系统评价。没有综合评价，就无法全面了解评价对象的工作表现，无法把握评价对象的发展倾向和发展需求，也无法修正评价过程中由晕轮效应、趋同效应等引起的各种偏差。高校教育本身是一个多边系统，而这些系统又有相对独立性，质量评价需要与各层次的教育活动同步进行，以判断各层次、各方面的效果，从而改进各层次、各方面的工作。因此，实施高校教育质量评价，必须坚持单项评价与综合评价相结合，这也是教育评价的一项基本方法。

（三）自我评价与外部评价相结合

高校教育质量是高校永恒的主题，因此，建立自我评价制度理应成为高校的自觉要求，成为院校建设中不可或缺的重要一环。自我评价固然重要，但由于受自身条件和各种因素的影响与限制，自我评价机制也存在一定的局限性，其评价结论的客观性、可信性和有效性难以得到保障。而外部评价与自我评价相比，其起点更高、视野更宽，更具客观性、权威性，对院校的宏观指导战略意义更大。因此，评价高校教育质量，还必须将外部评价与自我评价相结合，并使二者相互融合与促进，如此才能使评价的过程与结果更真实、更科学。一般来说，在高校教育质量评价中，应先由学校进行内部自我评价，然后外部评价机构根据自评报告对学校进行检查或指导，这样既可以让学校展示其优劣点，又能节省时间，符合我国教育评价高效率的要求。同时，学校成为评价主体之一，参与评价的积极性也必将得到进一步加强。

（四）静态评价与动态评价相结合

静态的认可性评价的重点在于高校现在达到的实际水平，判断其是否符合一定的质量标准，并据此予以认可。认可性评价较重视评价的统一性，其标准多为静态标准，即针对稳定的教育任务，依据既定的教育目标而编制的评价标准，目的是考核教育任务完成的程度和水平，且是相对稳定的。动态的发展性评价则更注重从改革和发展的角度对高校在改革中表现出来的活力——适应能力和创新能力进行动态评价。发展性评价重视评价标准的变化、多样化以及高校的办学特色。因为从动态和改革的观点评价高校教育的发展，必须允许甚至应当提倡各所高校制定自己的特色评价标准，或者评价者针对不同的高校制定不同的发展性评价标准。对高校教育而言，其质量保障和质量提升是一项复杂的系统工程，不是一蹴而就可以完成的，也不是一劳永逸可以实现的。仅仅依靠静态评价不能反映整个发展过程，也无法把握其发展方向。因此，在对高校教育质量的评价中，必须坚持静态评价与动态评价相结合，但要以动态评价为主。

五、健全高校教育质量评价的制度

制度和机制带有根本性、全局性、稳定性和长期性的特点,任何一项工作的深入开展,都必须依赖于制度和机制的建立与完善。当前,在高校教育评价实践中,还存在严肃性、规范性不强的突出问题,部分影响了评价的信度和效度。为此,我们还需要进一步健全高校教育质量评价的相关制度和机制,切实增强高校教育质量评价的科学性和有效性。

(一)健全高校教育质量评价的文本制度

法律保障的特点在于,它以国家权力作为后盾,具有最高的权威性和最大的强制力。因而,立法建设对质量评价和质量保障具有重要意义。从国际情况看,许多发达国家都把高校教育评估作为一项重要的制度,国家的法律条文和制度明确规定了评估的依据、目的、标准、机构、组织、程序、结果及其使用、评估专业人员、评估有效期限、评估仲裁、评估费用来源等。目前我们应依据《教育法》《高等教育法》《教师法》以及我国高校教育的战略目标、方针、政策等,借鉴和吸收其他国家质量评价和质量保障的法治经验,结合我国高校教育质量评价和质量保障的理论和实践,进一步完善高校教育质量评价的各种文本制度,从法律上建立具有中国特色的高校教育质量保障机制。从法规体系构建的合理化视角看,我国高校教育评估法规体系建设的基本思路应该是:由全国人大制定颁布适用于各教育领域的教育评估法;国务院在此基础上制定适用于高教领域的高校教育评估条例;国家教育行政部门统一制定地方各级高校教育评估规程;地方各级人大、政府及教育主管部门制定高校教育评估规程细则,依据国家制定的各级评估规程的统一要求,确立本区域相应的高校教育评估政策法规。此外,各级教育评估部门可以制定其他有关的高校教育评估工作规章,工作规章并非属于法律规范的范畴,但是可以依据上位法的立法精神对高校教育评估中的具体问题做出补充性的规定和说明。

(二)健全高校教育质量评价的保障制度

任何一项工作,要想朝着既定目标健康发展、有效运作,都需要有良好的保障机制,高校教育质量评价更是如此。因此,我们在实施高校教育质量评价时,还应通过健全保障机制,把内部保障和外部保障有机结合起来,为评价工作的深入开展提供坚实的保障基础。一方面,政府及教育主管部门应充分发挥外部保障的主导作用,通过人财物方面的条件支持、制度性的项目支持等,来推进高校教育质量自我评价体系的建立。如政府可对建立了自我评价体系的高校进行鉴定,凡是通过了鉴定的高校不仅可以获得政府的经费资助,而且还可以享有较大的办学自主权。另一方面,社会及相关部门也可以从社会资金的资助、就业资格或生源等方面来促进和保障高校教育质量评价。同时,高校及教师也应充分发挥主动性,在学校内部营造一种学者团体的自律文化,使其能自觉地参加自我评价,进行自我保障,通过这样一种不断自省的方式来建立学术组织的规范,维护学术的高深性、学位的荣誉以及学术组织的纯洁性。这就要求我们要充分发挥各级学术委员会或教授委员会的重要作用,尤其是要发挥系一级学术机构,如系一级的教授委员会或者学术委员会的作用,依靠他们建立起高校教育质量系一级的内部质量评价机制。另外,在学校内部成立强有力的行政管理部门也是推进自我评价体系建立的一种有效措施。如果有了这样一个强烈的意识，并且建立了一些明确的规章制度，就能为建立自我评价机制创建一个良好的实施环境。

（三）健全高校教育质量评价的评价制度

评价活动本身的质量如何，是否能够真实、公正地反映被评对象的客观情况，切实有效地发挥导向、激励、诊断、中介、提升等功能，还需要进一步地考察与评价。这种评价就是对所进行的评价活动进行的后续评价，也就是对评价的评价，也被称为再评价或元评价。再评价对监督与制约评价主体的行为、提高评价结果的客观性、消除评价中的误差、改善高校教育质量评价工作、总结经验与不足、提高评价体系的运行效率和效益都有十分重要的作用。国外高校教育质量评价的实践经验也证明，再评价在保障高校教育质量评价的质量，提高评价的信度和效度方面发挥了极其重要的作用。为此，我们还应高度重视再评价制度的建立和完善，并把它作为保障评价活动质量，提高评价体系运行效率和效益的一个重要手段，在实际工作中加强建设，使评估成为保障和提升高校教育质量的重要手段。

第三章　高校教育质量评价方法

第一节　管理质量评价方法

一、管理质量评价研究的内容

教师是高深知识传承和创新的主体,是学术研究和提供社会服务的重要力量。绩效管理是既注重个人绩效提升又注重组织绩效提升的管理方式,教师绩效的整体提升对于高校绩效的提升起着至关重要的作用。财务管理的高绩效对于一所高校的发展也至关重要,因此,财务管理历来是组织绩效研究的核心环节。

此外,绩效管理是绩效评价的改进和升华,财务评价本身就是绩效评价的核心环节,在绩效管理领域,财务管理也始终是高校管理者和研究者关注的热点话题,因而,注重对高校财务绩效管理的研究是传统研究的惯性使然。同时,高校的行政部门拥有计划、指导、外联、服务和协调等重要职能,对于高校的资源拥有较大的处置权,因而,高校行政部门绩效的提高对于高校组织发展的影响也是学界较为关注的方面。

在高校绩效管理研究发展的总趋势中,以下几个方面的内容将会表现得更为突出:①基础理论研究将会受到更多的重视。基础理论研究的受重视程度以及研究成果的数量和质量,直接反映着一个研究领域的成熟与否。目前我国高校绩效管理无论是理念还是方法都处于借鉴阶段。随着高校绩效管理理论和实践研究的进一步发展,脱离高校实际的基础理论就会显现出不足,因为它不能很好地回答高校绩效管理中存在的诸多问题。可喜的是,根据第一部分研究阶段的划分,我国高校绩效管理的研究目前已经逐渐从起步阶段向理论总结阶段过渡,今后将会有更多的学者从高校的实际入手,从基础理论层面去丰富高校绩效管理研究的内涵,并从宏观层面去建构高校绩效管理的路径选择。②高校战略性绩效管理将会成为研究的热点。伴随着知识经济时代的端倪初露和日渐发展,以及新科技革命进一步迅猛发展并深入推进,科学技术将日益成为一个组织发展的决定性因素。较之于有形资产,无形资产日益受到了组织的重视并在组织的发展中发挥着重要的作用。人类面临的是一个竞争日趋激烈、复杂多变的新时代,对于被认为是计划经济最后一块阵地的我国高校来说,包括政治环境、经济环境、科技环境和文化环境等在内的外在环境已经发生了巨大的变化,高校发展环境的不确定性日益增大。目前,我国高校教育机制和运行机制处在不断变革和完善的过程中。③研究主体将会趋于多元化并逐渐稳定,高校绩效管理的研究主体将会更加多元。

二、管理质量评价的方法

高校行政管理绩效评价的方法有很多,其中数据包络分析模型、模糊综合评价法及平衡记分卡法得到了较为广泛的应用。

DEA 方法本质上属于线性规划,它适合多投入多产出的情况,无须建立严格的变量函数关系,也不用对数据进行无量纲化处理和人为设置权重,因其简单、方便而得到大量应用。而 SFA 方法要求产出变量只有 1 个,不适用于产出变量为多个的科研效率评价。DEA 方法一经出现就以其独有的优势和普遍的适用性受到人们关注,不论在理论研究还是在实际应用方面都得到迅猛发展,各种新模型推陈出新、层出不穷,但应用最广泛的还是 C^2R 模型和 BC^2 模型,主要用来测算技术效率(TE)、纯技术效率(PTE)和规模效率(SE)。

模糊综合评价方法(FCU)可以用来对高校教育信息资源管理绩效进行定性、定量相结合的综合评价,它采用数字特征将模糊因素清晰化,运算处理及判断过程简便,结论统一,可信度高,能全面、逼真地反映高校教育信息资源管理的绩效。这一方法的推广应用,将使高校教育信息资源管理绩效评价更加科学客观。

平衡记分卡,简称 BSC(balanced score card),是诺朗顿研究院的执行长诺顿与哈佛大学教授卡普兰在 1992 年提出的一种财务指标和三个非财务指标(顾客、内部流程、学习与成长)相结合,评价企业战略经营业绩的策略性绩效评价体系。把平衡记分卡与预算管理相结合,对学校预算管理方面显示良好成效。关键绩效指标 KPI 体系以企业现状及远景、战略规划为基础,把目标从企业最高层逐级向下层细化、分解,找出评价企业关键绩效的评价依据和关键指标,并进行量化,建立可评价部门及个人绩效的指标体系。借助层次分析法对专家选取的关键指标设定不同的权重,从而实现学校预算管理的绩效评价。

BSC 围绕企业的战略目标,强调将企业的宏观战略与绩效管理有机地结合,从财务、顾客、内部流程、学习与成长等四个维度入手,根据企业生命周期不同阶段的实际情况和所采取的战略,为每一个维度设计适当的评价指标,赋予相应的权重,形成一套完整的业绩评价指标体系。其中,财务指标是核心,顾客指标为视角,内部流程指标体现过程、决策和行动,学习与成长则关注企业未来成功的基础。

第二节 教学质量评价方法

一、教学质量评价概述

教学质量是在一定的人文关怀条件下,教师传授知识与培养能力的一种效率体现。其中,人文关怀是高校教师提高教学质量的前提,是保证学生具有良好心理品质的基础。知识传授是教学质量的核心,主要包括基础知识传授和扩展知识传授,基础知识传授是保证教育质量的根本,强调学生对这部分知识的扎实理解和掌握;扩展知识传授是保证教学质量的关键,强调知识面的拓宽。能力培养是教学质量的升华。学校教学质量评价是学校教育质量管理活动的重要一环,其最终目的是通过评价来改进学校教育教学质量,以确保教学满足学生全面、和谐的发展需求。教学质量评价应包括两大方面,学校教学质量评价的重点应放在对施教者的评价上,因为教育教学是学校的职责,也是教师的职责,学校的中心工作是教育教学,因而"教"和"育"的质量才应是评价的主要内容,而对"学"和"得"的评价,只是通过评价来了解"教"和"育"的不足,从而不断改进"教"和"育"的质量。本部分将评价对象放在对施教者教学质量的评价上,下一部分将探讨学生的学习质量问题。

目前有关教学质量的评价存在许多问题:①对教学质量评价的意义缺乏正确认识。有些高校开展教学质量评价时,以奖惩为目的,采用的是总结性评价,关注的是总结性的评价结果,教学管理部门常常将评价结果直接用于教师的人事管理。②教学质量评价的组织缺乏规范性。多数高校都建立了一套教学质量评价制度,如干部教师听课制度、教学检查制度、督导制度、学生评价制度等,但目前对教学质量评价的组织中仍存在一些不合理的地方。③教学质量评价的指标缺乏合理性。高校教学质量评价多采用固定化、程式化的指标来衡量充满个性和特色的教学活动,这样的指标虽然具有规范统一、操作简便、容易比较的优点,但是很难准确地反映各学科和专业特点;同时,制定一个统一的指标让大家去遵循,其结果只能是使大家机械地以评价指标为导向,限制了教师教学自主性的发挥,不利于教师教学风格的形成;再加上评价人员来自各个专业,会出现在对非专业的教学进行评价时,仅凭感觉和印象打分的现象,从而使评价的可信度降低,使评价结果不能准确地反映教师的实际教学水平和质量。④教学质量评价的主体缺乏广泛参与性。有些高校认为学生既是教师教学工作的直接受益者,又是其教学成效最深切的感受者,对教师的教学质量最有发言权,因此视学生为唯一的评价者。⑤教学质量评价的结果缺乏反馈和沟通。通过实施教学质量评价,教学管理部门能及时、准确地了解课堂教学情况,找出存在的问题和不足,并针对存在的问题和不足采取改进措施,从而有效地保障并提高课堂教学质量。

针对这些问题,首先应对教学质量评价进行根本的改变,集中体现在:①教学质量评价对象。由侧重学生转向侧重教师。受传统教育观的影响,我们对教师和学生往往采取双重标准,即在教育教学中,以教师为中心,以"教"为中心;而在教学质量评价中,重点对象却是学生和学生的学习,而不是教师的施教质量。因此,我们应该转变观念,实现评价对象由学生为主向以教师为主的转变。②教学质量评价重点。由侧重结果转向侧重过程。学校教育教学质量的评价除了要实现评价对象由学生为主转向教师为主外,还要实现由侧重结果转向侧重过程。教育是一个十分复杂的过程,只有控制好过程,才能有好的结果。教育教学质量评价应把重心放在对施教和受教过程质量的评价上,而不是把重心放在对结果的评价上。除此之外,还应从根本上改变来自教师评价、培养方案和学生评价三方面的偏差,其中教师评价偏差主要表现为:过分强调教师管理,忽略教学发展;强调教师的服务作用,忽略教师的引导作用;强调教师的决定性作用,忽视教师的促进性作用。培养方案出现偏差时有两种主要表现:追随潮流,忽视质量个性与特色;重视制定过程,忽视落实过程。学生评价出现偏差时有两种主要表现:抑制学生的积极性,降低学生学习的效果与质量;抑制教师的能动性,降低教师教学的效果与质量。大学教育教学质量主要由教师的质量与学生的质量构成;而教师的教学质量在很大程度上建立在学生的学习质量之上,即学生的学习质量决定教师的教学质量。大学教学质量管理,无论在哪个层面与哪个环节,也无论采用什么方式,其主要目标都是提高教师的教学质量与学生的学习质量。一切认识偏差与实践偏差,都可能使大学教学质量管理偏离目标。因此,要想保障大学教学质量,就必须预防并消除此三种偏差。

对高校教学质量的相关偏差进行修正:①试题梯度修正。与教学认真、严格评价(考试)的教师相比,考试给学生划定范围的教师更受学生的喜爱,学生评价甚至会超过前者很多。如果简单地使用学生的评价结果,直接通过学生评价对教师进行教学效果评价,就会出现很大的偏差。试题梯度是反映试题质量的重要指标,缩小复习范围、划定考试范围的试题肯定没有梯度或梯度超过正常值。通过试题梯度可以有效修正及缩小复习范围、划定考试范围等不利于学生成长的教学错误倾向。②分布偏差修正。学生的考试成绩好,教师的教学效果是不是真的好呢?当然不能一概而论。因为学生的成绩与试题难度等诸多因素有直接的关联,如果成绩普遍高,偏离了正态分布,就一定是虚高,因为真正教学效果好,学生成绩一定符合正态分布。因此,通过学生成绩分布与正态分布的偏差可以修正成绩虚高造成的教学效果好的假象。③学术成就修正。科研促进教学,高质量的教学需要甚至依赖科研的支撑,通过科研可以了解学科发展的动态,站在学术前沿,把最新的学术成果融入教学之中;反之,只能是照本宣科。而考查科研实践和成果的直接观测点就是学术成就,因此,评价量规融入学术成就因素可以更恰当地反映被评价人的教学对学生成长所起到的作用强弱。作为院(系)或同阶群体间的评价,经过这样修正之后,其信度和效度就可以显著提高,基本上能够反映出该院(系)或该群体教师的教学质量水平及其个体差异。④专家委员会修正。把各院(系)或各群体的评价结果直接作为全校教师的教学评价结果显然欠妥,还要有一个全校性的包括各院(系)教学负责人以及教务管理、质量管理、教育科研、招生就业等相关处(室)负责人在内的专家评价委员会,对院(系)或群体的评价结果进行最后修正,这样才能使评价在全校范围内更接近真实与公平。

二、教学质量评价内容

施教者教育教学质量的评价应包括下述八个方面:①施教者的教育理念。教育理念是人们对整个教育和教育现象的理性认识、理想追求及其所形成的观念体系。施教者所持有的教育理念是指导教育教学的灵魂,是教育教学的指导思想,它始终控制着施教者的教育行为。对施教者的教学质量评价首先要评价其持有的教育理念。②教育教学依据的掌握。教育教学依据是教育教学活动的出发点和根据。具体包括:施教者的教育教学理论、法律法规、管理制度、教育方针、教育标准、教学计划、教学大纲的理解与掌握程度,以及对学生个体差异情况的了解程度等。③教育教学内容的把握。包括如何选择与鉴别教育教学资源、如何科学而系统地组织教育教学资源、如何突出教育教学中的重点与难点、如何贯彻教育教学的基本原则等。④教育教学艺术的运用。在教育教学中施教者综合运用教育教学的技能与技巧,其含义有三:一是在教育教学过程中施教者对普遍的教育教学原理、原则、方法、技能技巧的创造性运用;二是在教育教学过程中遵循教学原理和规律、贯彻教育原则而进行的创造性的教育教学活动,使教育教学具有形象性和情感性,给学生以美的享受;三是在教育教学过程中体现施教者个性而独具特色的艺术创造活动,包括施教者运用语言、肢体、表情,融语言表达(包括形体语言表达)为一体,运用自己的知识和管理才能去激发学生的兴趣、好奇心、求知欲,以满足学生的发展需求。⑤教育教学结构的设计。教育教学结构是指教育教学的组织结构形式和具体的安排、实施过程,特别是教育教学的课堂结构形式。具体包括教育教学环节设计、时间分配;课堂教育教学新旧内容的衔接;施教者与学生的互动情况;课堂教学效率、理论与实践的结合程度等。⑥教育教学方法的采用。教育教学方法是指施教者在教育教学工作中采用的方式、措施以及使用的工具与手段,具体包括形式是否活泼多样,方法是否得当得体,是否贯彻了"教有法但无定法"等原则;是否注意到了个体差异,是否充分调动了学生的积极性;教与学的关系处理得是否合理,是否突出了"过程方法",组织教育教学是否自然和谐;采用的现代教育技术手段和工具是否得当、有效等。⑦教育教学管理能力。教育教学管理能力是指施教者运用管理学理论知识解决和处理教育教学中出现的问题的能力,以及处理突发事件的能力和应变能力。如何实现对教育教学的有效管理,特别是对课堂的驾驭与管理,是施教者管理能力的集中体现。具体体现为能否通过教育教学管理为学生的成长与发展提供良好健康的环境。⑧教育教学总体效果。教育教学的总体效果是指通过具体的教育教学活动和管理工作所达到的预期目标、整体水平。这里包括两层含义:一是施教者的教育教学实效,即在"教育服务"中所达到的预期目标和整体水平;二是学生通过施教者的教育教学和管理工作,即接受"教育服务"后所收到的效果和满意程度。因此,对教育教学总体效果的评价应该包括三个指标:一是施教者的教育教学和管理过程的效果;二是学生的综合素质发展水平;三是学生对施教者教育教学工作(教育服务)的满意程度。

在新型教育质量理念的影响下,应倡导教育质量多维评价法。该方法更关注学生探索知识的能力、实际运用知识的能力及综合素质的提高,这是多维评价体系的内涵所在。依据影响教育教学质量的因素,教学质量多维评价体系包含下列要素:①多维的教学质量评价内容。在教学质量的评价内容上,要改变以知识点为评价内容的一维评价,确定与多样化的人才培养目标相适应的多维评价内容,根据不同的人才培养目标构建相应的评价指标。②多维的教学质量评价主体。评价教师的教学质量时,改变过去单纯由教学管理者进行评价的方式,充分考虑学生是教学活动的主体,对教育教学质量最具发言权,同时结合同行专家、教育管理者及教师本人的评价,使教学质量评价科学客观、真实有效。③多维的教学质量评价方法。评价教师的教学质量时,除采取常用的教学质量评价方法以外,选择"我心中最满意的教师"、教师讲课比赛、课堂教学质量问卷等方法,全面、客观、准确地评价教师的教学质量和教学能力。

三、教学质量评价方法

高校教学质量的评价方法主要有层次分析法、模糊层次法、神经网络法、数据包络分析法、SPA法及因子分析法等。

(一)层次分析法

层次分析法是一种简便、灵活而实用的解决多准则决策问题的方法。它将模糊或复杂的决策问题分解成若干组成因素,将各因素按支配关系形成层次结构,逐层比较相关因素,检验比较结果的合理性,确定各因素的权重。它为解决那些无结构的、难以定量描述的决策问题带来了极大的方便。层次分析法广泛应用于企业管理、经济计划、教育管理和资源分配等领域。层次分析法的关键环节是建立判断矩阵,判断矩阵是否合理、科学将直接影响其应用效果。构建指标判断矩阵是层次分析法的关键步骤。为了减少主观因素的影响,对教学质量评价指标两两进行比较,构建判断矩阵 A,矩阵 A 中元素值表示评价指标对于教学质量评价结果的相对重要性程度,本文采用教学主管部门和熟悉课堂教学质量评价的专家共同打分确定。根据评价因素指标矩阵,首先可以通过 $AW = \lambda_{max}W$ 求得 W,然后进行归一化处理,得到相应指标对于上一层次相对重要性权值,最后对判断矩阵进行一致性检验。计算同一层次对教学质量总评价结果的相对重要性,得到综合权重,然后从高层到低层对判断矩阵一致性进行检验。最后根据教学质量评价指标的权重对评价指标进行排序。但层次分析法在应用中也有几点不足:一是判断矩阵的一致性与人类思维的一致性有差异;二是检验判断矩阵的一致性比较困难;三是当判断矩阵不具有一致性时,再要调整成一致性就会比较麻烦;四是检验判断矩阵一致性的标准($CR < 0.1$)缺乏科学依据。

(二)模糊层次法

利用模糊层次分析法进行教学质量评价,就是将教学质量评价指标的模糊概念定量化,然后通过层次分析法来确定指标的模糊权重,构造模糊评价判断矩阵进行定量评判,计算出各评价指标的标准值,再通过教学质量评价模型,运用多级综合评价法,从下而上,经逆向推算进行综合加权,从而得到各参评教师教学质量评价结果。在进行教学参评指标状态量化评价过程中,能够充分保证数据的全面性、客观性和有效性。其过程一般包括建立重要程度的判断考查函数、构建判断矩阵、计算权值等步骤。利用模糊层次分析法进行教师教学质量评价,可以综合多位专家的经验知识,从而保证评价结果的客观、准确与公正。本文根据统计数据对教学质量进行模糊等级划分,并建立了教学质量评价的模糊隶属度函数。对因素的权值采用了综合赋权的方法,从而可以根据实际情况,充分考虑各评价指标的客观属性,具有较好的操作性和实用性。从评价过程可以看出,教师要想提高教学等级,必须提高教学效果,使学生能够真正掌握教师所教授的知识,有效地提高学生的素质和能力。

模糊层次分析法可以克服层次分析法的不足,是一种比层次分析法更科学、简便的方法。层次分析法的优点是在判断目标(因素)结构复杂且缺乏必要的数据情况下,能把其他方法难以量化的评价因素通过两两比较加以量化,把复杂的评价因素构建成一目了然的层次性结构,能有效地确定多因素评价中各因素的相对重要程度,进而进行评价。但层次分析法在进行判断目标的总体评价时,缺乏一个统一的、具体的指标量化方法,因而在实际使用中,应该只采用它进行指标权重的分析,然后用其他方法进行指标值的量化和评价。这就需要将模糊层次分析法与模糊综合评判方法相结合,对高校教师教学质量进行评价,即先用模糊层次分析法计算各指标权重,然后用模糊数学中的综合评价方法进行综合评价。

（三）神经网络法

神经网络是由大量处理单元组成的非线性自适应动态系统，它具有学习能力、记忆能力、计算能力以及智能处理功能，在不同程度层次上模仿大脑的信息处理机理。它可用于预测、分类、模式识别和过程控制等各种数据处理场合。相对于传统的数据处理方法，它更适合处理模糊的、非线性的和模式特征不明确的问题。按照层次化的方法为待测对象建立评测指标体系，首先将顶级指标定义为总体，接着将总体细分为若干子项，如教学管理、教学态度、教学方法、教学内容、教学结构、教学能力和教学效果等七个一级指标，然后进行模糊变换处理，最终得到总体模糊评价。

（四）数据包络分析法

数据包络分析方法（简称 DEA）是评价决策单元相对有效性的非均一综合评价方法，正是由于教育过程是多输入—多输出过程，采用 DEA 方法对专业教师的教学质量进行综合评价具有重要的实践意义和可操作性。首先，可构建教师教学质量评价综合指标体系。教学过程受到教师、学生、授课环境等多个方面的影响和制约，实际运用中可从这三个方面构造评价的指标体系，接着对教学质量实体效益进行综合评价，然后对综合评价数据进行分析。

（五）SPA 法

SPA 法是 SPA 集对分析法的简称。其核心思想是把确定、不确定视作一个确定不确定系统，在这个系统中将确定性分为"同一"与"对立"两个方面，将不确定性称为"差异"，从同、异、反三个方面分析事物及其系统，集对分析方法思路简明，方法简便，易于操作。其基本概念是集对及其联系度，集对是具有联系的两个集合所组成的对子，集对分析的基本思路是：在所论问题背景下，对所论两个集合（集对）H(A,B)的特性展开分析，根据分析得到的特性，再得出这两个集合在哪些特征上统一，哪些特性上对立，其余特性上则既不统一又不对立，从而建立起相关的同、异、反的联系度表达式。

（六）因子分析法

因子分析法既能大大减少参与数据建模的指标个数，同时又不会造成信息的大量丢失，能够有效降低变量的维数，并能借助统计分析软件进行计算，而且操作上简单易行。其具体过程或步骤包括建立评价指标、进行评价、计算特征值与方差贡献率，然后得到公因子得分及综合评价得分。

第三节　学习质量评价方法

一、学习质量

学习质量评估与学期研究及学生满意度研究之间存在一定的区别。相关学情研究侧重于陈述大学生学习中存在的事实性状况，并就此提出一些关于教学层面需要改进的措施和意见，但是并没有就所发现的问题从高校教育质量层面进行深入反省和思考，或者从学校立场提出观点和对策，往往只是泛泛地谈及学校应该如何重视学生、引导学生，应该根据学生的表现来对学校的教育行为进行剖析、反思和问责。而学生的满意度评价主要反映的则是高校教育的外适质量和个适质量——高校对学生需求的满足程度,在具备其合理性和价值的同时,我们应当警觉的是,如果仅仅从学生满意度的角度来对高校的教育质量进行评估和诊断,有可能导致高校为提高学生的满意度,在满足学生合理需求的同时,迎合学生不合理的要求,降低学术标准和学业要求,忽视其内适质量的保障。

二、学习质量评价方法

(一)传统的评价方法

根据当前高校教学与管理的特点,并结合我国高校教育发展的要求,陈正德等从定量分析的角度讨论学生学习质量评价方法,并将学生学习质量评价划分为学生学习成绩评价和学生学习效果综合评价两方面,而且认为对学习质量的评价方法多以综合评价为主。

1. 学生学习成绩评价

从教学质量综合评价的角度研究学生的学习成绩,关心的是某个学生集合(例如班级)的学习成绩,其评价的对象是考试成绩。统计分析评价法是利用统计学中的基本概念和方法对学生成绩进行分析,可用统计分析方法对班级成绩进行评价。描述性评价方法是对运用数据资料计算其综合指标值,然后根据综合指标值对教育客观事物给予评价,一般包括平均数评价、标准差评价和标准分数评价。推断性评价方法是根据样本的数据资料来推断和评价总体的性质,通常有差异分析、相关分析等方法。具体来说,就是应用统计假设检验的方法,检验客观事物之间的差异或联系是否出于偶然性,从而对客观事物做出合理的评价。

2. 学生学习效果综合评价

学生学习效果综合评价在评价方法上采取指标体系评价方法,通常包括学生课堂学习情况综合评价指标体系和学生课程学习效果综合评价指标体系。学生课堂学习情况综合评价指标体系包括出勤率、课堂学习效果、自习情况、完成作业情况、相关知识学习、参加科学研究情况、考试成绩等七个指标。学生课程学习效果综合评价指标体系包括学习态度、学习方法、学习成绩、信息与计算能力、阅读能力、科研能力与创新能力、实践能力七个指标。指标加权平均法是目前最为常用的一种评价方法。该评价方法分四步:第一步,确定权重;第二步,计算每张问卷表的综合评价得分;第三步,计算每位教师的课堂教学综合评价得分;第四步,学习效果综合评价,其中又可分为三种评价方式,包括绝对评价(等级判断)、相对评价及动态评价。学生学习效果综合评价的难点是评价指标的设计和量化处理,特别是量化问题,如果量化方法不科学,评价结果的可靠性就差,而模糊综合评价法的使用,是在量化方法基础上的进一步探讨。在具体评价过程中涉及的评价指标很多,为了避免一些重要信息的丢失,同时考虑到评价指标体系的特点,其基本步骤包括以下方面:确定评价指标集,确定评语等级论域和模糊向量,建立模糊关系矩阵,确定评价因素的模糊权向量,进行模糊综合运算并合成模糊评价结果向量,对每位评价对象进行综合评价,对模糊评价结果向量进行分析。

（二）形成性评价

在新课程背景下,将过程性评价理念纳入学习质量评价已经得到了学界的逐步认同与逐渐推广,而基于形成性评价理念的增值评价方法也得到了一定程度的应用。对学生学习质量的评价不仅应关注最后的学习效果,还应关注学习的情态动机和策略过程。学习的过程也是反映学习质量的一个重要方面,因此,相对于终结性的或形成性的测验方式,过程性评价更关注动态的学习表现,有关学习方式等与学习质量有关的内容成为过程性评价的主要内容。在学生学习方式变化的整个过程中,研究者一方面可以通过过程性评价确认学生的学习方式,了解学生的学习结果和学习质量;另一方面应鼓励学生采用深层次的学习方式,如自主探究的学习方式等,进行深层次的学习,从而取得高水平的学习质量。另外,就反映学生智力发展的过程来看,对学生智能发展的过程性成果无法很好地得到反映也成为过程性评价关注的主要内容,具体来说,包括学习策略和学习方法。在学习过程中,以过程性评价作为交流的平台,通过学生之间的相互观察和提醒,可以促进他们不断自我反思,从而提高学生的学习策略和方法水平。与学科学习紧密相关而难以通过终结性评价衡量的智能因素,如口语表达能力、解决现实科学问题的能力、创新能力等,还有通过学科学习而达成的高层次学习目标,如数形结合的思想、正确的科学观等,这是考试测验不能完全考出来的。学业质量的过程性评价大体包括明确评价的内涵和标准、设计评价方案和工具、解释和利用反映学习质量的结果以及反思和改进评价方案等步骤。

（三）增值评价

所谓"增值"(value-added),就是一定时期大学教育对学生成长和发展所带来的影响,增值评价即测量这种影响的程度。与传统的总结性评价、形成性评价相比,增值评价的显著特点在于它对学生学习起点、过程与结果的共同关注,它考量的是大学教育能够给学生带来的"增值"面有多广。增值越多,大学的教学质量就越高。增值评价主要有以下几种方法。

1. 直接测增值法

该方法主要通过测量和比较学生在两个不同的时间点上(如入学时和毕业时)学生知识和能力的发展来评价大学对学生学习所产生的影响。两次测量之间的差异代表学生学习的增值,以此作为大学对学生成长的贡献度。直接法的优点是提供了一种直接测量大学学习成效的方法,测量结果可服务于多样化的目的,包括关于政策制定、大学自身的改进等。该方法还考虑到了学生入学时的差异,有利于不同类型的大学以此改进自身的评价模式和基准。但该方法也有一定的局限性,许多研究者认为,教学过程给学生带来的增值是多方面的、极为复杂的,不可能通过客观化的测试予以评价,即使有标准化的、全国认可的指标,也是片面的。此外,该方法虽然测量了大学给学生带来的增值,但没能指出大学教学评价改进的具体方法。

2. 间接测增值法

该方法不是直接去评价学生的学习结果,而是测量学生的学习行为、学习经历和教师的教学行为,以及大学在促进学生学习和学业成功方面的相关举措。通过这些中介变量的测量预测增值的结果。该方法一般采用调查法,以学生自我评价为主,调查内容涵盖了大学生就读期间几乎所有的学习行为,包括课程学习、与教师的互动、同学之间的交往、社团参与、如何利用教学条件和各种资源等。该方法的优点是为大学了解自身优势和劣势提供了有用的信息,有利于大学进行自我改进和完善,为大学做出相关决策提供依据,提高大学服务学生的质量,回应社会问责。但间接法不能测量学生实际的学习效果,尤其是学生自我评价的"能力发展"并不能替代客观测量法所测出的结果,还需要与其他类型的数据相互补充。此外,学生自我报告的准确性、可信度等还时常受到质疑。

3. 事后测增值法

该方法不是测量大学期间或毕业时的增值,而是测量学生工作一段时间后高校教育给学生实际工作带来的影响,从而对其大学学习期间的增值进行评价。如通过校友访谈,了解大学教育经历对他们工作和事业成功的影响;通过雇主访谈,了解学生是否具备了工作所需要的知识和技能等。该方法的优点是将人才培养与实际工作有效对接起来,充分考虑了大学教学成效滞后性的特点,避免了单从就读期间或毕业时进行增值判断的片面性,符合大学教学实际;缺点是由于时间长及其他因素的干扰,很难从中梳理出大学本身对学生产生的影响。此外,还涉及校友自我报告的准确性问题。

当前,增值评价面临的障碍主要来自文化和技术两个层面。在文化上,主要是大学对"学习评价"提法的抵触。大学组织的松散性、目标的多样化,教学对象的特殊性、教学成效的滞后性,大学教师工作的自主性、相对自由性等,都与明确目的性、系统性、高效性的评价文化有诸多冲突。因此,增值评价的深入开展还必须寻求评价文化与大学组织文化的契合点。在技术层面,增值评价的测量还面临着很多亟待解决的问题,如学生在大学就读期间的增值有很多维度,究竟应选取哪些关键维度来衡量增值? 究竟如何收集质量信息? 在测量方法上,尽管上面提到了直接法、间接法和事后法,但几种方法在具体的测试内容、操作和结果应用上还有待进一步完善,几种方法的综合运用、相互衔接还有待进一步探讨。增值评价还面临着如何平衡内部机构改进和外部问责两大目的,如何评价不同大学给学生带来的不同增值等问题。

(四)学习质量评价的 SOLO 法

1982 年澳大利亚教育心理学家彼格斯(John B. Biggs)和卡利斯(Kevin F. Collis)出版了《学习质量的评价——SOLO 分类》一书。SOLO 分类评价理论着重于对学生学习质量的评价。学生掌握知识点的多少只涉及教育评价中量的层面;以知识技能目标分类为标准的评价,关注的是学习内容本身的类型,不能反映学生认知过程的发展水平。针对此问题,彼格斯及其同事提出了全面的学习质量评价体系,它包括对学生学习表现的分析,了解学生达到教育目标和掌握知识、获得能力的状况,即从知识技能目标和学生认知发展过程两个维度对学习质量进行横向和纵向分析。SOLO 分类评价是在学生认知发展过程中,观察其对刺激问题的反应方式,从而发展起来的描述学生学习过程发展的一种模型。多年来,彼格斯及其同事进行了长期的研究和探索,并把 SOLO 分类评价理论付诸实践,在世界范围内取得了一定的影响。

SOLO 是英文"strueture of the observed learning outeome"的缩写,意为观察到的学习

成果的结构。SOLO 分类汲取了皮亚杰的认知发展理论的合理因素,由皮亚杰对儿童认知发展阶段的关注,转向对儿童在问题反应中表现出的认知发展水平的关注。SOLO 分类的理论基础是结构主义学说,它用结构特征来解释学生反应,确定某种特定反应的层次水平,并将学生的学习结果划分为以下五种结构或五个层次,包括前结构反应、单一结构反应、多元结构反应、关联结构反应和扩展抽象结构反应。SOLO 对学习反应的结果进行分类,而不是对学生进行分类。在此基础上,研究者需依据 SOLO 分类来开发相关测试工具,其步骤有:①研究学科课程目标和 SOLO 分类的理论;②制定多维学科测试细目表;③命题;④预测;⑤分析预测的信度、难度、区分度;⑥修改、确定测试卷,SOLO 分类测试的结果分析。按照 SOLO 分类方法,预设的认知结构水平在测试工具的开发阶段已经完成,测试完成后,根据学生对测试问题表现出的实际反应,划分和确定学生认知的实际结构水平。以数学测试为例说明,首先以 SOLO 分类的各结构水平特征来确定题目的估计难度,测试完成后,统计测试中各题的实际难度,对估计难度与实际难度不一致的题目做出标记并进行分析,将造成不一致的原因简要列举在“说明”栏中。依据 SOLO 分类反映学生能力水平的差异和变化,比较有效的方法是在两个年级的测试题中,采用一些完全相同的题目(称为锚题),通过两个年级学生分别对同一问题的反应分析比较,推断出学生的能力发展变化情况。

总的来看,SOLO 水平是以材料的复杂性为尺度的,不仅定量地考查学习结果,而且关注学习质量。从前结构水平到扩展抽象结构水平,SOLO 分类法提供了一种依据递增的结构来测量学习质量的方法,它不是通过测试题目对学生进行分类,而是把不同的学生指向不同水平的再认知。

第四节　心理质量素质评价方法

一、大学生心理质量/素质

(一)大学生心理质量/素质的概念及基本特征

心理素质及其教育于 20 世纪 80 年代中期开始受到我国心理学界的关注。通过几十年的研究,心理素质及其教育现已成为教育心理学研究的重要领域,积累了大量关于心理素质及其教育的研究资料。已有研究表明:心理素质是学生素质结构中重要的组成部分,心理素质教育在整个素质教育中占据核心地位,是全面发展教育的重要内容和归宿。

首先,心理素质概念具有以下几层含义:①整体性。心理素质是心理品质的综合,有的认为是静态组合,有的认为是动态整合。②结构性。心理素质是按一定心理规则建构起来的组织结构。③基本性。心理素质是人内化了的、稳定和基本的心理品质。④差异性。心理素质反映人的各个方面、各个层次心理特征的个别差异。⑤交互性。心理素质是先天因素和后天努力交互作用的结果。

其次,心理素质结构具有以下几个特点:①多成分。心理素质由多种心理成分构成,既有认知成分,也有非认知成分;既有心理能力成分,也有心理健康和社会适应成分;既有情感和动力成分,也有自我成分。②多层次。心理素质由各个层次的心理成分构成,既有特质层次,也有行为习惯层次;既有品质层次,也有潜质层次。③结构与功能匹配。心理素质作为内隐的心理结构,也外显地展现在个体的心理健康功能、社会适应功能和创造发展功能的发挥过程中。

(二)大学生心理质量/素质的影响因素

1.自身基质生物因素

人类个体的身心构成是由形成人的遗传密码的数量、质量和结构决定的。人的身心结构方式是形成个体心理素质的基质力量,它在诸多客观因素的作用下形成人的原型自我——心理定型。近年来研究较多的是,母亲怀孕时的情绪和分娩状况也会对子女后天的心理健康产生影响。当母体情绪出现波动时,自主神经系统激活内分泌腺,使其分泌的激素直接进入血液,使母体产生在正常情绪活动状态时不可发现的许多特征。同时,这些激素能通过脐带传递给胎儿,使胎儿也产生相应的情绪特征。追踪研究发现,母亲怀孕期间长期高度情绪不稳定,会导致胎儿自主活动水平高,出生后适应环境能力比其他儿童困难,且多有多动、贪吃、爱吐、哭闹和不安蠕动习惯,并且还有长期影响作用。另有研究表明,早产儿和分娩时缺氧的婴儿,更可能有情绪和智能上的问题。

男女两性的心理素质也存在差异。研究发现,在心理健康、人格、忍耐力、凝聚力和自我满意方面均存在性别差异,但在自尊心水平方面,男女差异无显著性,在焦虑敏感性方面,男女也不同。一般认为,焦虑主要与身体、社会和心理三方面因素有关,女性焦虑主要与身体因素有关,而男性主要与社会和心理因素有关。有学者发现,对于难以忍受的压力,女性比男性更喜欢表达出来。在愤怒的表达方式方面,男女也存在差异,女性更易选择讨论和表达的方式,且比男性的抑郁症状和神经官能症的发生率高;男性更易受孩童时代父母亲丧失的不利因素影响。

2.家庭父母因素

家庭是孩子的第一所学校,父母是孩子的第一任教师。由于父母在早年的生活中是最有意义的社会支持者,因此父母的爱护和关心对他们整个一生在生活和心理学健康方面都具有十分重要的意义。孩子的智力开发,即观察注意能力、感知记忆能力、思维想象能力等是在家庭中开始的。与此相适应,其意向控制,如兴趣的浓淡、意志的强弱、性格的倾向、道德品质的好坏等也都是在家庭氛围中形成的。因此,家庭中父母的心理状况、文化程度、智力水平、道德品质、办事原则等对孩子的心理素质形成有重大影响。对独生子女溺爱的情感方式使孩子一旦离开父母和家庭的怀抱便失去了赖以生存的"乳根",形成对社会环境、人际关系的恐惧感和冷漠感。这时的大学生最需要新环境、新氛围的温暖,需要他人的关怀与照顾,而这时的班集体等新环境都刚刚形成,每个成员都在经历着人生新阶段的考验,都在由被保护对象向自我保护、自立、自尊和自为方面转变,基本上都处在自顾不暇的状态。

3.社会环境因素

社会的变化、生活节奏、社会风气等也是影响青少年心理健康不可忽视的因素,随着社会竞争意识增强和生活节奏的加快,人们的心理压力也逐渐加大。一部分人会因为感到难以适应未来世界的变化而产生心理危机和不适应。这对青年大学生提出了更加严峻的挑战,因为他们不仅要适应时代的变迁,还要适应自身的发展。

在所有的社会环境因素中,师生间的教育环境,尤其是教师在促进学生心理素质发展上起着较为关键的作用。高校学生生活具有寄宿性、常住性的特点,学生的归宿由家庭转向学校,学生的心理寄托由家长转向教师。因此,高校教师自然地成为学生模仿、学习和崇拜的对象,榜样具有无穷的力量,学生在有意或无意中模仿心中的榜样。

另外,网络文化也对大学生的认知、情感和意志等心理素质产生了积极或消极的影响。譬如,网络信息的丰富性有助于培养大学生思维的广阔性和批判性;通过访问心理健康网站调节情绪。心理健康网站提供了大量的心理健康知识,有助于大学生解决心理上的一些困惑和问题,减轻压力,提升心理素质;在利用网络学习、交流过程中遇到网络技术上的困难时,经常要靠大学生自己去独立解决,这对培养大学生的独立性、坚定性等良好的意志品质有很大的帮助。

二、心理素质/质量测量工具

目前国内关于大学生心理素质测量工具的选用呈现出两种趋势:一是使用成型的、公认有较好信度和效度的相关量表施测,如临床症状自评量表(symptom check list 90,简称SCL-90)、卡特尔16种人格因素问卷(sixteen personality factor questionnaire,简称16PF)等。使用这些测量工具的明显缺陷是:①它们只能测查心理素质的某些成分,如心理健康状况、人格特征等,即使把几种量表结合使用,也只是一个拼盘,无法反映出大学生心理素质的整体结构;②它们都不是专门针对大学生群体编制的,无法考虑到大学生的特殊性。二是自编相关量表或问卷进行测查,如大学生心理问题量表、大学生非智力因素测查问卷、大学生心理健康量表等,这些量表的编制虽然考虑到中国大学生的心理特点及其文化背景,但它们多是针对大学生的某种心理状态(如心理健康、心理问题)或心理结构成分(如人格、非智力因素)而编制的,忽视了大学生的整体心理素质结构。教育部社政司组织国内心理学专家编制了大学生心理健康测评系统,从人格、应激、适应、症状四个方面测查大学生心理健康的全貌,但题项多,容量大,操作起来比较耗时,且没有系统分析四个分量表之间的关系以及各自的功能。另外,心理健康和心理素质尽管有密切联系,但二者的差异还是显而易见的。

三、心理素质/质量评价方法

(一)描述性评价方法

描述性评价方法大体包括以下三个步骤:①确定相关测量工具。国内学者在对大学生心理素质进行测量时所选工具大体有以下四类:单独运用人格量表进行测量,所运用的人格量表主要为卡特尔16种人格因素测评量表(16PF),艾森克人格测评量表(EPQ),大学生人格健康量表(简称UPI)和明尼苏达多相人格测验(MMPI)等;单独运用心理卫生量表,最常用的心理卫生量表是SCL-90;将人格量表和心理卫生量表结合使用;自编问卷进行调查。②确定调查对象。选择不同类型、不同性质学校且不同年级、不同来源、不同专业的学生若干名。③进行描述性统计分析。可考虑就调查对象的性别差异、学校类型差异、家庭来源差异、专业类型差异、年级差异等各个方面进行分析比较,通过方差分析,主要进行 T 检验和 F 检验。

(二)结构方程评价方法

结构方程评价法与描述性分析法的相同点在于二者均需要确定测量工具,均需要确定调查对象;不同之处在于结构方程评价法主要探讨影响心理因素的因素及各因素间的关系,相对而言,其方法更为复杂。其步骤主要有:在选定测量工具和研究对象并回收数据后,首先对影响因素间及各影响因素与心理素质间的关系进行相关分析,得到相关矩阵;在此基础上,进一步进行回归分析,就各影响因素对心理因素变量进行回归,通过 F 值和 P 值来考查影响因素的显著性及影响力的大小,同时可进行影响因素的删减或增加。为了进一步验证各影响因素变量与心理素质各变量间的关系,可采用 LISREL 和 AMOS 等统计软件对心理素质与影响因素之间的关系进行结构方程模型分析。在构建结构方程模型时,心理素质作为外源潜变量,影响因素作为内源潜变量,其他显变量可作为内源潜变量的内源标识。可考虑事先设定多个模型进行评价,通过模型比较得到一个可以接受的相对有效和节俭的模型,根据结构方程模型的构建思路,在模型设定中提出有关路径系数的相关假设,在模型拟合中可考虑采用最大似然法估计得到各拟合指数。

(三)AHP 模糊综合评判法

该方法主要包括三大步骤:①构建量化指标体系。在运行体系已实现层次结构模式的基础上,将有关的各个因素按照不同属性自上而下地分解成若干层次,同一层的诸因素从属于上一层的因素,同时又支配下一层的因素或受到下层因素的作用。可参照国内各高校关于大学生心理素质测评的基本情况,把大学生心理素质划分为若干个一级指标、若干个二级指标和三级指标,进一步对素质测评指标体系进行层次构建。②利用 FAHP 法确立权重系数。首先从层次结构模型的第二层开始构造成对比较阵,对于从属于(或影响)上一层的每个因素和同一层诸因素,用成对比较法和 1～9 比较尺度构造成对比较阵,直到最下层。计算权向量并作一致性检验,对于每一个成对比较矩阵计算最大特征及其对应特征向量,利用一致性指标、随机一致性指标和一致性比率作一致性检验。若检验通过,特征向量即为权向量;若没通过,需重新构造成对比较阵。计算组合权向量并作组合一致性检验,计算最低层对目标的组合权向量,并根据公式作组合一致性检验,若检验通过,则可按照组合权向量表示的结果进行决策,否则需要重新考虑模型或重新构造那些一致性比率较大的成对比较阵。然后构造判断矩阵,对所有判断矩阵进行综合,得到专家群体判断矩阵。③用模糊综合评价方法对学生的综合素质进行评价。首先,确定评价评语;然后,构造判断矩阵,接着计算一级综合评判值,并建立二级综合评判模型;最后,分析模糊综合评判结果。

第四章　高校学生管理工作的基础性

第一节　高校学生管理工作的内涵及原则

一、高校学生管理工作的内涵

高校学生管理工作是对大学生日常事务的管理,它是指通过对学生的日常行为进行规范、指导和服务,来促进学生的全面发展。学生管理工作有广义和狭义之分,学生工作即广义的学生管理工作包括思想政治教育、日常事务管理、学生工作的考核与评估、学生成长发展指导等内容。这里所讲的是狭义的学生工作管理,也就是管理学生,它侧重的是日常管理,包括班级建设、学生奖惩、学生资助、安全教育、宿舍管理、生活服务、就业指导等,涉及学生在校生活、学习的方方面面。

（一）理想信念教育和道德品质规范的养成教育

理想信念是一个人前进的航向,而道德品质则是为人做事的准绳。在高校学生管理工作中,管理工作者要重视校园文化建设,为大学生创造高雅的文化氛围。通过校园文化的影响和熏陶帮助大学生营造良好的舆论氛围,通过文化活动的组织和开展提高思想政治教育的效果。

（二）依法治校,维护学生合法权益

实行依法治校,就是在高校的日常管理工作中,明确学校和学生的权利及义务,充分保障学生的合法权益。依靠法律和学校的各种规章制度,对学生进行奖励、资助、处分等。在处理如学生处分等涉及学生权益问题时,严格按照正当程序,规范处理过程,使学生的合法权益不受侵害。

（三）学籍管理和学习指导

随着高校教学体制改革的深入和弹性学制、学分制的实施,在学生学籍管理中,高校可以实施跨校、跨专业修读,专修和辅修相结合等有利于学生成长的管理模式。学生管理工作者可以通过学风建设,为学生创造积极向上的学习氛围。学生在进行自主学习的同时,管理者要提供全方位、积极主动的辅导,帮助学生养成自主式的学习习惯和终身学习的思想观念。

（四）就业指导和就业服务

就业指导和服务是学生管理工作的一项重要内容。面对日益严峻的就业形势,高校要设立专门的就业指导部门,由学校主要领导直接负责管理。就业指导部门要做好在校生职业生涯规划指导、就业信息收集、实习基地建设、毕业生就业指导、毕业生职业规划等工作。

（五）勤工俭学和贫困生资助

贫困生资助和勤工俭学也是学生管理工作的一项重要内容。学生管理部门要针对学生的实际情况和高校的规章制度，开通助学贷款的"绿色通道"，尽可能多开辟勤工俭学的岗位，认真做好国家奖、助学金和校内贫困生补助的发放工作。同时，针对学生群体中发生的突发事件应建立应急处理机制和临时困难补助制度，对于发生重大家庭变故的学生，要及时给予特殊帮助。

（六）生活服务和心理健康教育

高校教育不仅仅体现在学习方面，还要将服务育人的理念贯彻到日常的学生工作管理中去。学生管理部门要和校内其他服务部门互相配合，在为学生提供衣、食、住、行等方面服务的同时，还要重视对学生进行健康生活方式的引导。高校心理咨询中心要通过各种渠道、运用多种形式在全校范围内对学生开展心理健康教育和心理咨询活动，加强对学生的心理疏导。学生管理工作者要建立畅通的信息网络，使思想政治教育和心理健康教育有效结合，进而提高学生工作管理的水平。

（七）校园秩序与课外活动

学校要为学生提供健康、和谐的学习和生活环境。学生管理工作者要积极引导学生，自觉遵守学校管理制度，提高自身的道德修养，自觉维护校园秩序。同时，学校要积极鼓励学生团体组织开展有益于大学生身心健康的活动，并对活动加以管理和指导，保证学生活动的合法性和科学性。大学生通过参加各种类型的团体活动，可以在人际交往和社会适应能力等方面得到锻炼，这有利于学生的全面发展。

二、高校学生工作管理的特点

大学生是思想最为敏锐的群体，有着自身独特的特点。根据大学生的身心特点有针对性地开展工作，是高校学生工作管理顺利进行的保证。每个学生的成长和教育环境不同，造成他们价值取向的多元化、思想观念的差异化，具体表现有：理想与现实的差距使其虽有理想信念，但难以抉择；虽有明确的是非观，但自控性和自律性较差；实用主义倾向明显，只关注与自身利益相关的事情；个人主义突出，自我意识较强；要求独立，但依赖性强，渴望尽快走向社会，但又无法实现经济独立；适应新事物的能力较强，但心理承受能力较差。学生工作管理要适应学生的特点，满足学生的需要，这是学生工作管理取得成效的关键。针对大学生的特点开展工作，能够使学生管理工作更具专业性和可操作性，从而促进高校学生管理工作目标的实现。高校学生管理工作有以下特点：

（一）教育性

培养全面发展的高素质人才为社会主义现代化建设服务是高校学生管理工作的主要目标。学生管理工作者要通过对学生的教育和引导，提高大学生的科学文化素质，培养他们良好的品德和修养，引导他们坚持正确的政治方向，帮助他们树立远大的理想信念。总之，通过学生管理工作的教育和引导作用，促进高校管理目标的实现。

（二）开放性

高校的学生管理工作具有开放性，日常管理工作可以通过多种途径和方法开展。既可以通过课堂教学教育，又可以通过组织校园文化活动进行日常管理，还可以通过学校教育、社会教育、家庭教育等多种渠道展开。学生管理工作者要善于利用多方资源，懂得统筹和协调，形成促进学生管理工作的合力。

（三）持续性

高校学生管理系统是一项复杂的工程。每一项具体工作的完成都要以学生工作管理的总体目标为方向，都要体现学生工作管理的效果，都要促进大学生的全面发展。高校学生工作管理要建立长效的工作机制，使学校教育、社会教育、家庭教育三者有效结合，通过外在的制度管理和内在的学生自我约束，结合思想政治教育，来提高学生工作管理的效果和系统性。

（四）实践性

高校教育以培养适合社会需要和适应时代发展的高级知识人才为目标，要提高学生解决实际问题的能力。随着社会形势的不断变化和发展，要求学生工作管理模式随之改变。新的管理方法和手段不能只是空谈理论，而应该在实际的工作中得到切实的运用，以达到理论指导实践的目的。只有具有实践性的学生管理，才能更好地适应日益变化的社会环境。

三、高校学生管理工作的目标

高校学生管理工作的目标是要培养适应社会发展需要的高素质人才，以提高大学生的综合素质为主要目的。具体来说，就是要提高大学生的思想政治素质、科学文化素质、身心素质、创新素质等。

（一）思想政治素质

要求大学生拥有正确的政治方向、坚定的理想信念，要养成良好的道德品格。自觉跟党走，认真学习党的理论知识和重要思想，同时自觉践行党的路线、方针、政策，坚持正确的政治立场。

（二）科学文化素质

要求大学生拥有全面丰富的知识结构和扎实的理论功底。提高科学文化素质，要求大学生要努力学习科学文化知识，掌握正确的学习方法，养成良好的学习习惯，要学会用理论指导实践，全面提高自身素质。同时，要树立终身学习的观念，在实践中寻找不足，以学习来弥补不足。

（三）身心素质

要求大学生拥有强健的身体和健康的心理。通过积极参加体育锻炼、文体活动，强健体魄，提高身体素质；通过自我管理、自我控制和自我调节健全人格；通过积极参加社会实践，养成良好的个性和环境适应能力，并且使大学生拥有健康的身心素质，更好地为社会服务。

（四）创新素质

要求大学生拥有科学的思维方式和把理论运用于实践的能力。大学生要通过学习积累理论知识,运用科学的思维,辩证地、全面地分析和辨别事物;要有较强的创新和实践能力,面对不断变化的环境勇于创新,不断地进行自我突破,在提高大学生创新能力的同时,拓展他们的综合素质。

四、高校学生管理工作的原则

为提高学生管理工作水平,实现有效管理,学生管理工作者在日常管理中应该遵循以下原则。

(一)实际性原则

要求高校学生管理工作一切从实际出发,既要考虑学校的实际情况,又要考虑学生的实际情况。通过了解学校与学生的实际,建立健全组织机构,明确各组织机构的职能,确定学生管理目标,同时要研究适合高校自身的学生管理模式。从实际出发进行学生管理,有利于有针对性地开展学生工作。

(二)制度化原则

要求学生管理工作者根据国家法律规定,结合高校自身实际,制定各种规章制度进行学生管理。制度化是进行规范管理和提高管理效率的必然要求。只有通过制度化管理,高校学生工作管理才有章可循,才能不断地推进学生工作管理的科学性、有效性。

(三)服务性原则

高校学生管理工作要坚持服务育人的理念,以服务学生为出发点和落脚点。在对学生的日常管理中坚持服务性原则,从学生的根本利益和切身需要出发,把学生看作学生工作管理的主体,一切为了学生。因此,在实际工作中应坚持服务性原则,通过服务达到管理的目的。

第二节 高校学生组织与干部管理

一、高校学生组织

(一)高校学生组织的意义

组织是按照一定的目的和系统组织起来的团体,或者说是把具体任务或职能相互联系起来的整体。其是按一定的目标所做的系统的安排,包括权力分配与责任划分、人事安排与配合,以便达到共同的目的。

无论是正式组织还是非正式组织,尽管结构形式不同,活动内容也不同,都有其共同点,即职责(或权力)等级和任务的分工,都是一种开放性的适应性的系统。

所谓高校学生组织是指专业、年级、班级等不同系统为培养德、智、体、美、劳全面发展的建设者和接班人服务这样一个共同目的而组织的领导团体,如学生党支部、团总支、学生会、班委会等。与其他组织相比,学生组织更具有自身的特色。

第一,权力范围小。学生组织同样要进行职责划分和任务分工,但其权力范围要比一般组织小得多,不与社会生产及其他经济活动发生直接的联系。学生干部虽然参与政治和行政管理活动,但没有直接制定政策的法定任务和权力,主要是执行。

第二,成员变动大。学生组织成员变动较为频繁,任职时间最长的也只有三年或四年,一般情况下,任职时间为一至两年。这是由高校学制期限所规定的。

第三,系统性强。除了校级学生组织跨系外,其他学生组织均以系、专业、年级和班级为系统建立,一般与高校党政组织设置系统相适应。

第四,服务性强。学生组织的主要任务就是贯彻、落实和执行高校党政领导部门所下达的各项具体任务,直接为学生的政治思想活动、业务学习活动、文娱体育活动等服务。此外,其服务性强还表现在学生所做的工作只是奉献和义务,没有任何报酬。

第五,民主性强。通常情况下,学生组织都是由民主选举直接产生的,没有任命制,只是个别或少数的采用聘任制。

（二）高校学生组织的设置

高校学生组织的设置必须遵循以下两条原则:

第一,精干的原则。精干的原则是高校学生组织设置所必须遵循的。不然,很容易产生人浮于事的现象,从而造成人力、物力和财力的浪费,工作效率不高。但是把精干原则理解为越少越好,造成不能完成工作,同样不符合精干原则的要求。因此,必须正确理解精干的原则所包含的两个方面的含义,即质量和效果。所设置的学生组织,既要在数量上满足工作的需求,又要在质量上满足工作的需要。这里所谈的数量和质量又分别有两个含义:数量是指工作任务量和干部成员的多寡,质量是指干部成员的素质和完成工作任务的质量,二者必须有机结合。

第二,统一的原则。组织结构完整严谨,职责划分合理,内部分工明确,协调配合得当,是统一原则的主要内容。具体要求:一是把同一类工作任务归于某一学生组织或部门管理;二是专人专职负责,职责相称;三是指挥灵活,信息沟通渠道畅通;四是各部门之间经常性地交流信息、互相配合。

总之要做到高校学生组织设置科学、结构合理、上下沟通、信息灵敏,才能极大地提高工作效率,达到预期的目标。

具体来说,高校学生组织设置具体如下:

一是学生党支部。高校一般是以专业来划分系（部）的,再根据招生规定划分不同的年级,年级下设学生班。高校建立学生党支部要与学生行政组织相对应,把党支部建立在系或年级或班上。这样与行政建制相对应建立起来的学生党支部,使党支部的成员与本班、本年级的同学朝夕相处,熟悉情况,有利于党支部在高校各项中心工作中发挥政治核心作用;有利于党支部起到密切联系广大同学的桥梁和纽带作用,经常了解同学的思想状况,反映同学的意见和要求,有效地做好同学思想政治工作,进一步密切党群关系;有利于具体指导和帮助团支部、班委会开展工作,提高工作效率。

二是团总支。一般来说,团总支以系（部）或年级为单位设置,团支部以学生班为单位设置。校团委的主要领导职务由专职干部担任,其委员大多由学生担任。团总支书记由青年专干担任,副书记和其他委员由学生担任。团支部书记和委员以及团小组长均由学生担任。各级团组织成员的多寡,可根据高校实际情况来配备。团总支在接受校团委领导的同时,还要接受系党总支的领导。

三是学生会。学生分会以系(部)为单位设置,所有学生分会及下属组织的成员均由学生组成。校学生会除了接受校学生工作处(部)的指导外,还要接受校团委的指导和帮助。学生分会和班委会分别要接受团总支和团支部的指导和帮助。

(三)高校学生组织的作用

高校学生干部不是自发产生的,而是根据共同目标,按照一定的原则,在高校党委和各级党组织考察和培养的基础上,由广大学生或代表推选出来的。他们是贯彻执行党的教育方针和高校党委的决议和意见的骨干分子,他们的工作是高校党的思想政治教育工作的重要组成部分。

第一,高校学生党支部作为学生中最基层的党组织,在贯彻执行党的路线、方针和政策的过程中,在发挥党支部的战斗堡垒作用和党员的先锋模范作用方面,在密切联系同学、经常了解同学党员对高校党组织工作的批评和意见、尊重同学的合理化建议、关心同学、爱护同学、帮助同学提高思想觉悟和努力学习方面,在教育和支持其他学生组织积极开展工作、努力为同学服务方面,在维护校规校纪方面等,起着十分重要的作用。

第二,高校共青团组织,是中国共产党直接领导下的先进青年的群团组织,是中国共产党在高校中的得力助手和后备军,它的一切工作都是围绕党的中心工作开展的。在贯彻执行党的教育方针,把高校建设成为社会主义精神文明坚强阵地的工作中,在造就社会主义事业接班人的伟大工程中,在为我党培养和输送合格后备军的伟大实践中,有着其他组织不可替代的地位和作用。

第三,高校学生会是中国共产党领导下的中华全国学生联合会在高校的基层组织,是党联系广大同学的桥梁和纽带。它在团结教育广大同学为振兴中华刻苦学习、全面发展,维护校园安定团结、建设校园民主、丰富广大同学文化生活,维护广大同学的合法权益,用党和人民的要求规范同学的行为,培养广大同学的严格的组织纪律性等方面,同样有着不可替代的地位和作用。它是高校思想政治教育工作的重要组成部分。

高校学生干部生活于广大同学之中,与广大同学有着密切和最广泛的联系,最了解、最清楚,也最易于掌握同学的思想状况。因此,对于广大同学来讲,学生干部最有发言权。但了解同学不等于就能当好高校党的工作的得力助手。学生干部要充分发挥高校领导联系广大同学的桥梁和纽带作用,当好助手,必须做到:主动关心同学的学习、工作和生活,注意倾听他们的呼声并及时向高校各级组织反映。对于广大同学正当的需求,要尽最大的努力去满足;对于不正当的或暂时不能满足的需要,要耐心细致地加以解释,做好思想政治教育工作。

二、高校学生干部管理

(一)高校学生干部与高校学生干部工作

帮助学生干部认识自己所扮演的角色及其特点,有助于其带头作用、骨干作用和桥梁作用的发挥,把同学紧密地团结在一起,勤奋学习,刻苦钻研,锐意进取,成为社会主义建设事业的合格人才。

1.高校学生干部

(1)学生干部的含义

高校学生干部虽然与一般领导干部有着较大的区别,但仍然具有一般领导干部的本质属性。因此,高校学生干部就是充分调动学生的积极性和创造性去努力实现培养德、智、体、美、劳全面发展的建设者和接班人这一宏伟目标的集体成员或个人。

(2)学生干部的特点

一是队伍庞大。依据高校学生组织的设置要求,所配备的学生干部人数众多,一般要占学生总人数的三分之一以上。这一特点是由高校学生活动内容广泛而丰富的内在联系所决定的。

二是人才齐备。高校学生干部是经过高考筛选后再筛选,来自全国各个地区的学子,有能歌善舞的,有酷爱美术和体育的,这为高校学生干部顺利地、生动地开展工作,提供了优越的条件。

三是热情高涨。高校学生干部都是 20 岁左右的热血青年,体力、精力充沛,思想上对未来充满美好的憧憬,敢想、敢说、敢为。

四是贴近学生生活。由于客观环境的作用,使得高校学生干部始终与学生同吃、同住、同学习,朝夕相处,形影不离。学生干部最了解学生,学生也最了解学生干部。学生干部的举动,学生都看得清清楚楚,这给学生干部的工作带来诸多方便的同时,又可以督促学生干部及时地了解同学的利益要求、思想动态等,以便制订出有效的工作计划,采取有力的工作措施,还可以使学生干部的工作直接地接受学生的监督和检查,及时修正工作中存在的不足或失误,以便把工作做得更好。

2.高校学生干部工作

(1)高校学生干部工作的含义

高校学生干部和高校学生干部工作是两个既有联系又有区别的概念,不能混为一谈。所谓高校学生干部工作是指高校学生干部运用一定的工作技巧和方法,按照一定的职责权利范围,充分调动本校或系或班或小组同学的积极性和创造性去努力实现培养德、智、体、美、劳全面发展的建设者和接班人这一宏伟目标的过程。这个过程包括确立目标、预测决策、制订计划、指挥执行、组织协调、指导激励、沟通信息、监测反馈、过程调控、工作评估等。

(2)高校学生干部工作的特点

一是执行性。高校学生干部和其他学生一样都是学生,处于受教育阶段,没有法定的高校管理决策的责任,同时尚缺乏高校管理决策能力,因而,虽然要积极参与高校的管理活动,但不能做最后的决策。所以,高校学生干部工作的重要任务是贯彻执行和落实高校党政领导下达的各项工作任务。当然,在保证执行、贯彻和落实高校党政领导下达的各项工作任务时,要积极思考,富有创造性,采取各种行之有效的方式和方法去完成它。

二是广泛性。高校的一切工作都是围绕学生展开的,同时,又要通过学生干部工作这一环节落到实处,因而,高校学生干部工作必然要涉及高校工作的各个方面,从而使其内容丰富而广泛。从总体上来讲,高校学生干部工作包括思想政治教育工作和日常事务管理两大方面。具体来说,在思想政治教育工作中,要组织经常性的大量党团政治活动,诸如政治学习、讨论,发展党员和团员,举行各种寓教育于活动的竞赛,以及做好大量的经常性的个别思想教育工作等。在日常事务管理中,要抓校风校纪的建设、业务学习、文体活动、生活卫生等。

三是具体性。高校学生干部工作十分具体。例如,落实高校领导下达的开展"学雷锋户外活动"的具体任务时,学生干部要做出详细的计划和安排,把"学雷锋户外活动"的具体任务分派到人,并且自始至终地参与活动的全过程。

四是复杂性。高校学生干部所做的一切工作就是要求同学按照高校的要求和规范去做,而人的行为是受思想支配的,这就是说,要想使同学按照高校的要求和规范去做,就必须做好同学的思想工作。人的思想活动具有极大的隐秘性,而要打开学生的心灵之窗并非易事。此外,年轻的大学生(当然包括学生干部本身在内)世界观还不成熟,还缺乏观察分析周围事物的正确方法,因而纷繁复杂的社会现象反映到学生脑子里,就会产生各种正确的和不正确的思想观念。要帮助同学去掉头脑中那些不正确的思想观念,就必须找到产生不正确思想观念的根源。然而,由于人的思想活动具有隐秘性,很难做到这一点,因而使得高校学生干部工作呈现出复杂性。

五是周期性。由于高校学制的制定和学期的划分,相应地高校学生干部工作具有明显的周期性,且周期短,一般为一个学期或一个学年度。但是,研究学生干部工作的周期性时必须注意,这种周期性的活动不是简单的圆周运动,因此,每一个工作周期到来时,在认真总结经验的基础上,要不断地分析新情况,研究新问题,采取新的方式和方法做好新的工作。

3.高校学生干部工作是教学与管理工作的重要组成部分

(1)高校教学工作中不可缺少的部分

教学质量与人才质量紧密地联系在一起,提高教学质量是高校的主要工作之一。加强教学管理是提高教学质量的有力保证,而高校学生干部工作是具体实施教学管理措施的有力保证。

第一,维护教学秩序。教学活动十分具体而又频繁,仅依靠学生干事和辅导员以及任课教师远远不够,大量的具体细致的管理工作依赖于学生干部。如果离开学生干部的努力工作,就很难保证教学活动的有序性和教学质量的提高。

第二,沟通教学联系。在教与学的过程中,一方面,学生会时常碰到这样或那样的疑难问题需要解决;另一方面,教师为了提高教学水平,也需要了解学生对教学工作的意见和要求。因此,客观上要求及时沟通教与学之间的联系。此间,学生干部扮演着及时沟通教与学的重要角色,从而解决学生学习上的疑难问题,提高教师的教学水平,保证良好的教学质量。

第三,促进良好学风的形成。学生干部组织广大学生开展学术研究活动,培养广大学生的学术研究兴趣和能力,同时,组织广大同学开展有益于教学工作的活动,诸如百科知识竞赛、学习竞赛、学习经验交流、师生恳谈等。这些活动的开展,对形成良好的学风无疑是不可缺少的。

总之,高校学生干部工作在教学工作中,对于维护教学秩序、沟通教学联系、形成良好学风、提高教学质量有着不可替代的作用,是高校教学工作中不可缺少的重要组成部分。

(2)高校管理工作中不可缺少的部分

①弥补高校管理工作中的人员不足

良好的校风和良好的校园秩序的形成离不开严格的管理,二者之间相辅相成,互为因果。广大学生是良好的校风和良好的校园秩序的直接体现者。要管理好由不同民族、不同风俗习惯、不同性别等组成的大学生群体,使他们养成良好的习惯,自觉维护校园秩序,仅靠高校专职行政人员和教师显然是不够的,也是不切合实际的。因此,大量的行政管理工作需要学生干部去承担。高校的规章制度需要学生干部去实施、去落实,特别是学生自我管理方面,学生干部工作显得尤为重要。对于这些工作,学生干部则完全有能力承担,因为学生干部有着庞大的队伍,占学生人数的百分之三十以上,可以弥补高校管理工作人员的不足。

②弥补高校微观管理的不足

对于高校来说,将关于学生在学习、生活等方面的规章制定得十分完整且具体,是很困难的。一般来说,高校只能从宏观上做出较全面的规定,在微观上就要求学生干部做出有力的补充,这种补充主要体现在以下两个方面:

第一,创造性地执行高校的规章制度。根据实际情况,如不同专业,不同年级,不同性别,不同生活习惯,不同特长、爱好、兴趣等,在保证执行高校规章制度的前提下,制定出符合学生实际情况的实施细则,使高校规章制度落到实处。

第二,及时调控宏观管理。宏观管理的依据归根到底来自实践。学生干部较之高校行政干部来说,更了解学生的实际情况,而且,高校宏观管理终归是为学生服务的。因此,学生干部及时向高校反映学生的情况变化,可弥补高校调控宏观管理时的信息不足。

(二)加强高校学生干部管理的途径

高校学生干部提高自身的素质既是履行好自身职责,完成高校交代的各项任务的首要条件,也是把自己培养成为社会主义事业接班人的内在要求。接受高校有系统、有计划、有目的的组织教育与考核是学生干部提高基本素质的一条重要途径。怎样对学生干部进行有效的组织教育和全面的考核,加强学生干部的管理,也是摆在高校思想政治工作者面前的一个重要课题。

1.加强组织教育

高校学生干部既是干部,又是学生,其成长与进步同样离不开高校组织的教育与帮助。因此,高校学生干部必须接受有系统、有计划、有目的的组织教育。当然,高校各学生工作部门也应该注意不能仅使用学生干部而忽视对他们的教育。高校应把通过组织教育提高学生干部的基本素质纳入工作计划,作为培养合格的社会主义事业接班人的重要组成部分,从政治思想、理论修养、工作常识、基本技能等方面对他们进行全面、系统的培训。

(1)马列主义理论教育

高校学生干部是党在高校做好学生思想政治工作的得力助手,因此学生干部自身必须要有扎实的马列主义理论基础。高校方面可以采取举办学生干部理论学习班等方式对他们进行行之有效的培训和辅导。对于学生干部中要求入党的积极分子要及时组织相关学习,使之接受更为系统、深入的马列主义理论教育。

在学习马列主义理论的过程中,学生干部应该紧密联系大学生的思想实际,避免为理论而学理论的现象。学生干部要从实际运用的目的出发,有针对性地、创造性地学习马列主义等思想。能够运用这些理论去正确地分析处理工作中遇到的实际问题,善于用实践的观点、理论联系实际的观点、矛盾的观点、一分为二的观点等来指导自己的工作,以增强工作的正确性与艺术性。

(2)世界观、人生观和价值观教育

高校学生干部要完成自己的使命,除了具有坚定的政治立场、较好的马列主义理论素养外,还要树立正确的世界观、人生观和价值观。这些思想观念的形成固然要靠学生干部自己在平时的学习、生活、工作中去自觉训练和加强,积极参加高校组织的有目的、有系统的教育和引导则能较快和较好地树立起正确的世界观、人生观和价值观,从而对人生、对社会乃至整个世界各种现象持有正确的观点和态度。在这方面的教育与引导中,既可以采取讲座、报告会等方式集中统一地进行理论疏导,也可采取观看电影电视、阅读文学作品、参观访问等方式进行情感熏陶。思想观念的教育只有与情感熏陶并进,才能收到较好的效果。

思想观念的教育与引导要有针对性。通过人生观及价值观的教育,学生干部要对自身工作的意义有进一步的正确认识,增强工作责任感,正确处理奉献与索取的关系,克服怕苦怕累的思想。树立了正确的人生观与价值观,学生干部就会从艰苦、复杂的工作中品尝到无穷的乐趣,就可以从为广大学生服务中品尝到助人为乐、无私奉献的甜蜜。

思想观念的教育与引导最后的落脚点是学生干部要树立远大的共产主义理想、坚定的共产主义信念和高尚的共产主义情操。高校学生干部肩负着十分特别的历史重任,在大学学习期间是党在高校各项工作的得力助手,毕业后将成为社会主义事业各条战线上的政治骨干与业务骨干,是党的干部队伍建设中的一支不可忽视的后备力量。因此,学生干部必须认识到,树立远大的共产主义理想、坚定共产主义信念、培养高尚的共产主义情操是社会主义向前发展对青年一代提出的必然要求。同时,这也是高校教育和培训学生干部所要达到的一个重要目的。学生干部与其他青年人一样,在成长发展过程中,易受外界因素的干扰,其理想、信念和情操也将会发生波动和反复。因此,一方面,学生干部要充分认识这一特点,自觉克服自身的弱点;另一方面,高校也要注意帮助学生干部及时排除外界的干扰,特别是注意引导他们正确认识风云变幻的国际形势。

(3)常识教育与技巧训练

学生干部工作的效果与其所掌握的工作常识及工作技巧与方法是密切联系在一起的。学生干部接受高校系统、全面的工作常识教育和基本的工作技巧与方法的训练是十分必要的。

第一,掌握党支部工作的基本知识与方法。学生党支部的干部要熟悉党章,对党的基本知识有全面的了解,懂得党务工作的一些基本知识,因此要积极参加高校党组织举办的专门培训。此外,还要善于了解他人、关心他人,及时发现问题、解决问题。只有这样,才能充分发挥每一个学生党员干部的作用,把学生紧紧团结在党的周围。比如说,发展大学生入党是一项艰巨而又重要的工作,它要求学生党支部的干部认真做好入党积极分子的培养与考察工作,这也就要求学生党支部的干部要熟练地掌握党员发展工作的基本知识。因为不懂得发展党员的基本知识,就不可能积极稳妥地做好党的组织发展工作,特别是不具备做深入细致的思想政治工作的能力,就不可能准确把握要求入党的积极分子的入党动机,组织发展工作便不可能有效地开展。所以说,学生党支部的干部要在高校党组织的专门培训下,熟练地掌握好党支部工作的基本知识和工作方法与技巧,充分发挥学生党支部的战斗堡垒作用。

第二,掌握共青团工作的基本知识与方法。共青团系统的学生干部要熟悉团章及团的基本知识,要善于把握青年工作的特点,善于团结号召青年。高校团组织要积极创办业余团校和团干部培训班、举行团干部经验交流活动等,为全面提高学生团干部的基本素质广辟途径,尤其是要注意为学生团干部提供团内实践活动的良好环境。学生团干部要在高校团组织的培训下,努力学会做青年大学生的知心朋友,善于把握青年人的思想脉搏,善于做深入细致的帮教工作,及时向党组织反映青年人的思想、意见和要求,使自己真正成为党在高校各项工作中的得力助手。

第三,掌握管理工作的基本知识与方法。学生会、班委会及其他社团学生干部的培训应该紧密结合各自的工作职责、工作对象的特点来进行,重点是提高管理水平,增强组织、指挥与协调能力,以便学生干部在高校管理、校园文化、体育活动等方面充分发挥各自的作用。

2.加强组织考核

组织考核是提高学生干部基本素质的又一有效途径。它可以帮助学生干部及时发现自身的不足,正确对待所取得的成绩,从而扬长避短,全面发展。考核学生干部素质的途径有很多,一般可分为高校组织考评、学生干部自评、学生考评三种,但应以高校组织考评为主。考评学生干部基本素质的内容有很多,但应以考评思想品德和心理能力素质为主。

(1)思想政治素质的考核

考核学生干部思想政治素质的方法有很多,其中最有效的途径是对学生干部的实际工作进行认真的观察和分析,透过现象把握其政治立场、观点、态度、世界观、人生观和价值观等。对于具有较好的马列主义理论基础,并善于在工作中用马列主义的立场、观点与方法去分析和处理问题的学生干部,要肯定他们的成绩,并帮助他们进一步提高。对于马列主义理论基础还较差,在实际工作中一时还不能很好地用马列主义的立场、观点与方法去分析问题的学生干部,要指出他们的不足,并及时进行帮助。

对于那些在政治立场、观点、态度等方面与党的要求相背离的个别或极少数学生干部,要坚决地把他们从学生干部的岗位上撤换下来,并对他们的错误言行进行严肃的批评和教育。对于学生干部中存在的其他方面的不良现象及不正确的思想言论要认真地分析和教育,帮助他们澄清思想、端正认识。实事求是地考核学生干部的基本思想政治素质,既有利于高校增强对学生干部培训工作的针对性,以及准确地选拔和使用学生干部,又有利于帮助学生干部正确地认识自己、了解自己,从中受到教育,进而提高自身的思想政治素质。

（2）品德素质的考核

学生干部要履行好职责,除了要有坚定正确的政治立场外,还要有优良的品德素质。高校党的组织、领导及教师应该对学生干部的品德素质进行经常性的考核,及时发现他们的不足,并帮助他们改正,使之成为名副其实的骨干。

考核学生干部的品德素质要从工作作风、生活作风以及是否敢于开展批评与自我批评等方面入手,要注重在实践中考核。衡量学生干部是否具有良好品德素质的标准归结起来主要有三条:一是态度,即在工作上是否肯干、积极、认真和负责;二是服务,即是否乐于把自己的长处与能力最大限度地用于工作,是否乐于奉献,乐于为全体学生服务;三是律己,即在学习、工作和生活中是否严于律己,以身作则,勇于抵制不良倾向。

对学生干部的品德素质做出实事求是的考评后,要将考评的结果通过适当的方式与途径反馈给学生干部,使他们知道自己的不足及存在的差距,帮助他们在工作实践中不断地提高品德素质。

（3）心理素质的考核

针对学生干部的心理能力素质状况开展及时、有效的考核是十分重要的。学生干部在工作中经常会遇到许多矛盾,需要处理好各种复杂的关系,如学习与工作的关系等,如果没有丰富的情感和顽强的意志,就很难做到大胆开拓、勇于克服各种困难而创新。如果没有较强的指挥、协调能力,就不可能很好地把学生组织起来,也不可能得心应手地处理好各种具体的工作关系和矛盾。一个学生干部是否有顽强的意志、丰富的情感,是否有宽厚的胸怀承受各种打击,是否有熟练的指挥协调能力,都可以从他的具体工作中反映出来。

因此,高校领导和教师只有从工作实践中考核评估学生干部的心理能力素质,才能对学生干部的心理能力素质有客观的评价,有的放矢地帮助他们在实践中锻造自己,逐步形成高强度的心理能力素质。

第三节 高校学生制度与体制管理

高校学生工作专职教师在开展思想政治教育和管理工作时,必须建立一套系统而完整的制度。制度是要求人们共同遵守的办事规程。制度的建立,必须遵循一定的原则,不可随意而定。制度制定后,要有人来执行,这就需要有良好的体制来保证。

一、高校学生制度

管理这种职能活动,是伴随着人类社会有组织活动的出现而产生的。凡有人群活动的地方,为了有序而又有效地组织生产、学习、工作和生活,必须制定出能够调整人们相互关系的行为规范或行动的准则,这既是管理的需要,又是管理职能的具体体现。高校学生思想政治教育和管理制度是高校学生的行为规范,因此,建立一套系统而完整的高校学生思想政治教育和管理制度是十分必要的。

(一)高校学生教育和管理制度的意义

我国高校的规章制度是党的优良传统和社会主义道德观念、行为观念、行为规范(即国家法规)、是非标准等在高校学生日常工作、学习和生活等方面的具体体现。它是全体学生必须遵守的行为准则;是培养自觉的纪律性,培养共产主义道德品质和形成良好校风的重要手段;是实行科学管理、办好社会主义大学的重要保证。所以,建立高校学生思想政治教育和管理制度,对办好社会主义大学具有以下几点意义:

1.有助于充分发挥学生的积极性

大学肩负着培养社会主义事业的建设者和接班人的历史重任。为了完成这一光荣使命,高校就必须建立起符合大学教育工作客观规律、符合现代管理原理、充分体现党的优良传统和社会主义道德观念及行为规范的系统的高校学生思想政治教育和管理制度。这样,就能把全校学生的积极性发挥出来,形成一种远比个人力量总和大得多的集体力量,办好社会主义大学。

2.有助于建立正常的学习、工作和生活秩序

现在的大学,少则上千人,多则上万人,而且是一个多层次、多学科、多系统、多结构的复杂的综合体。高校学生工作专职人员要把每个成员的智慧和力量最优化地组合起来,就必须在加强政治思想工作的基础上,建立起一整套的规章制度,使学生有规可循,有矩可蹈,做到学习、工作和生活井然有序。

3.有助于培养学生高尚的道德品质,形成良好的学风

社会主义的精神文明,是社会主义的重要特征,是社会主义制度优越性的重要表现。思想建设决定着精神文明的性质,因此,培养学生具有马克思主义的世界观,共产主义的理想、信念和道德,有为人民服务的献身精神和以共产主义劳动态度建设科学的、与时俱进的高校学生管理制度,对培养学生高尚的道德品质和良好的学习、工作及生活习惯,无疑是意义重大的。

(二)高校学生教育和管理制度的基本要求

建立高校学生思想政治教育和管理制度必须符合以下几点要求。

1.政策性

政策性是指高校学生思想政治教育和管理制度必须同党的路线、方针、政策,同体现党的路线、方针、政策的国家的法律、法令、条例、决议、指示、规章、规程,尤其是党和国家的教

育方针保持高度一致,而不能有丝毫的背离。党的路线、方针、政策和国家的法律、法令、条例、决议、指示、规章、规程等,是一个国家总的行为规范,是指导全局的,是制定高校学生思想政治教育和管理制度的依据。高校学生思想政治教育和管理制度则是党的路线、方针、政策和国家法律在高校学生日常学习、工作和生活诸方面的具体化。局部必须服从全局,否则就会迷失方向。

2. 整体性

整体性是指按照现代管理学观点,国家是一个系统,教育是属于国家的子系统,高校是隶属于教育的子系统,高校各部门是隶属于高校的子系统。系统是有组织、有层次的,各组成部分都是为了一个共同目标而形成的有机整体。高校学生工作专职人员必须树立全局观念,正确处理局部与全局的关系,正确处理学生的学习和课外活动的关系,以及团组织与学生会工作之间的关系等。在处理各种关系时只有使整个系统处于协调状态,才能发挥整体的最佳功能,达到教育管理的最佳效果。

3. 民主性

民主性是指高校学生思想政治教育和管理制度必须符合广大学生的根本利益,并获得广大学生的积极拥护和支持。我国是社会主义国家,人民是国家和社会的主人,党和国家的一切政策、法令都是以是否符合广大人民群众的根本利益,是否获得广大人民群众的积极拥护和支持为最高标准的。一切损害人民群众根本利益的政策、法令或行为,必将遭到人民群众的坚决抵制和反对,失去立足点。学生是管理的对象,又是管理的主体,在制定高校规章制度时,必须从学生中来,到学生中去,广泛听取学生意见,做到集思广益,紧紧依靠广大学生把教育和管理工作做好。

4. 科学性

科学性是指高校学生思想政治教育和管理制度必须符合高等教育的客观规律。任何领域都有其自身的规律,高校学生思想政治教育和管理制度也不例外,诸如教育和管理必须与学生的年龄相适应的规律,思想政治教育中知、情、意、行活动过程的规律等。只有认识和严格遵守这些客观规律,才能实行科学管理,充分调动各方面的积极性。同时,还要善于借鉴现代科学管理理论,不断总结高校思想政治教育和管理经验,把行之有效的传统管理经验与现代管理理论有机地结合起来,才能不断提高科学管理水平,提升管理效率。

5. 教育性

教育性是指高校学生思想政治教育和管理制度必须对学生起到教育作用,即能培养学生社会主义道德观念、行为规范、思想品质和严谨、务实、开拓、进取的工作作风。这样,学生既有章可循,又有进取的目标,有利于充分发挥规章制度本身的教育和激励作用。但是,必须指出的是,在规章制度制定和实施过程中,必须坚持政治思想工作领先的原则,把启迪、疏导作为一条主线贯穿于规章制度的全过程中,这样,规章制度的教育性才能充分显示出来。

6. 严肃性

严肃性是指高校学生思想政治教育和管理制度必须做到令行禁止,奖罚分明,对任何人也不例外,使学生的行为得到规范。在建立高校学生思想政治教育和管理制度时,凡应规范的都要规范,各级学生组织和个人必须严格执行。在执行过程中,严格按制度办,不能时宽时严、时紧时松,坚决维护其严肃性。此外,要注意凡属将来才能规范的或者要创造条件才能规范的,就一定要留待将来或条件具备的时候再规范。只有这样,才能使制度有相对的持续性。

7.可操作性

可操作性是指高校学生思想政治教育和管理制度应尽可能做到量化,制定出符合教育、管理实际的科学指标,并用分值表现出来。这样,不仅能使全体学生在实施的过程中做到心中有数,自觉约束自己,在检查处理时也能避免主观随意性。

上述基本要求既有各自的独立性,又相互紧密地联系在一起。只有严格遵照这些基本要求而制定的规章制度,才是经得起实践检验而又有强大约束力和教育意义的制度。

二、高校学生体制管理

(一)高校学生行政体制管理

建立一套完整的大学生行政管理工作体制是做好大学生管理工作的重要保证。高校的整个行政管理体制是一个大的系统工程,而学生行政管理体制,只是整个系统工程中的一部分,或称为一个子系统。为了使整个学生行政管理工作能够跟上形势的发展,适应实际工作的需要,有必要对学生行政管理工作体制做进一步的分析,以加强体制的建设,逐步提高学生行政管理工作的水平。

1.行政体制管理的模式特点

目前,高校学生行政管理体制各种模式机构设置不尽一致,权限划分各有差异,每种模式也各有特点,具体表现为以下几个方面:

(1)学生行政体制管理的散在模式

这一类型的高校,多数是在校学生数不太多,校领导有较多精力关心学生工作,各级学生行政管理机构干部配备较强,所以,它沿袭历史上我国高校学生行政管理工作体制,有如下特点:

①采取"直线职能参谋组织形式"

这一模式中,校长是唯一的行政负责人,有全面的领导和指挥权,对一切工作都负有全面的责任。各职能部门按照校长的要求,在业务上负有指导下属部门的权力和责任。各级组织在行政上相对独立,可充分发挥主动性,这样既保持了统一领导,又充分发挥了各职能部门的积极性和主动性。

②分权管理制度加强

在新形势下,为了适应高校管理的要求,高校将有关行政管理权限下放,如学生行政处分权,记过以下的处分由系级部门执行;如学生的奖学金金额,部分的单项活动或班、系活动奖励及补助系级部门有权决定,这也有利于调动各级组织的积极性,促进行政管理工作的高效运转。

③兼容一体,易于协调

这一模式无新机构设立,许多相关的相互交叉、相互渗透的工作依然归于一个处室,如学生生活管理归于总务处,学生学籍管理的许多工作归于教务处这一模式便于配合,易于协调。

(2)学生行政体制管理的专兼模式

这是从散在模式发展而来的,因此,它们之间特别是在权限划分上有许多相似之处。由于在校级建立了学生处,在较大的系级建立了学生办公室,所以高校中出现了学生行政管理体系,同时,也明显地反映出以下几个特点:

①学生工作统筹安排,全面协调能力增强

专管学生工作的主干处——学生处,对学生行政管理工作及有关学生工作情况负有全面关心、通盘考虑、及时汇总、向上报告及建议的责任,并能在校长的领导下,对各行政部门工作中出现的矛盾、问题及时参与协调。

②有利于队伍素质提高,稳定性增强

由于专管学生行政管理工作体系出现,使学生行政管理工作机构、人员稳定性增强,方针、政策、规定的连续性加强,工作方法的创新、理论研究的开展、工作经验的积累、管理人员的业务素质趋于上升势态。

③学生行政管理工作的应变能力增强

在新的形势下,学生行政管理工作不仅要有正确性、规范性,还应讲究时效性。建立了专司学生行政管理的工作体系,就能有一批长期专门从事学生管理的工作人员,能较正确地掌握党的方针政策,全面了解学生情况,遇事能及时向领导提供各种情况说明和解决方案,以便于领导准确决断。

(3)学生行政体制管理的复合模式

它由专兼模式进一步发展而来。由于学生处和学生工作部实现了"两块牌子、一套班子",因而它有一个明显的特点,即在组织机构上实现了学生思想政治教育和学生行政管理的结合,改变了长期以来行政管理和思想教育相分离的状况,使对学生的言和行、想与做的教育统一在一个部门,使学生的学籍管理、课外活动、校园秩序、奖励和处分等学生管理主要内容的执行,基本上是由学生处与学生工作部作为一个职能部门来承担。

(4)学生行政体制管理的各部处模式

它既同散在模式相似,又同复合模式相近,它唯一的特点是兼指挥和执行于一身。由于它有居于部、处之上的职能部门——学生办公室,所以既可以指挥行政部、处,又能协调各种关系与矛盾;既能抓行政管理工作,又能抓思想教育工作。

2.行政体制管理的成效

学生行政管理工作的成效,取决于两点:一是领导和干部队伍,二是管理体制。当前有一批较长时间从事学生工作的同志,他们有能力,有水平,有积极性与创造性,虽然管理体制不够完善,但凭借这批骨干的创造性和努力,高校的学生管理工作是有很大成绩的。随着社会的发展和新形势下对高校学生管理工作要求的提高,还需要改进工作、完善政策、健全体制。

行政体制管理成效是由这个高校的历史与现状、领导与干部队伍的素质和结构、教师与职工的思想水平与觉悟、高校的任务和条件等形成的综合因素决定的。只有当一个具体模式适合这个高校的情况,并能创造出最优成绩时,才是最佳的选择。

从高校学生管理体制发展的趋势来分析,选择具体模式应考虑两个问题:一是是否需要建立专门的学生行政管理体制,二是是否需要实行学生行政管理工作与学生思想政治工作相结合的管理体制。对这两个原则问题的回答是肯定的,这也是今后加强学生行政管理体制的原则问题。

第一,人的思想和行动是不能割裂的,人的行动受思想的支配,而思想又需要实践的检验。要规范人的言行,首先要抓思想教育,要了解一个人的思想,必须先了解他的行动。所以,对学生的思想、言论和行动的教育、管理,只有真正地从组织上、思想上结合起来开展工作,才能改变相割裂的现象,才能取得工作的最佳效果。

第二,学生行政管理工作是培养学生成为德、智、体、美、劳全面发展的社会主义建设者和接班人的一项重要工作。它对在校学生的学习、生活、行为等方面起着正确的规范作用。它不仅需要一支具有一定理论水平和一定实践经验的稳定的干部队伍,还必须逐步建立一套专门的行政管理体制,否则难以适应当前形势下学生管理工作的要求。

第三,高校担负着培养青年学生的重任,只有将学生行政管理工作和学生思想政治工作相结合,建立一支专门的学生管理工作队伍和一套专门的学生行政管理工作体制,才能培养出理想信念坚定的合格人才。

(二)高校学生思想品德教育体制管理

各高校具体情况、人员素质、传统风格、办学特点不相同,新中国成立以来也经历过一些变化,但总的来说,我国高校学生思想品德教育实行的是综合管理体制,这种体制主要由几种制度构成。

1.专职干部责任制

高校专职党团干部是党的教育方针与政策在各单位的综合贯彻执行者,是对学生进行各种思想品德教育管理的设计者,是发动全体教师教书育人的组织者。因此,专职干部在学生思想品德教育管理中发挥着不可替代的作用。学生专职干部主要指担任党团职务,专门从事学生教育管理的干部,包括学生工作部(处)或宣传部、校团委的干部,各系主管学生工作的党总支(分党委)副书记、团总支(分团委)干部等。专职干部一般按学生人数的1:150配备,不足150名学生的单位可根据实际工作情况考虑。专职干部在高校党委的领导下,具体由高校主管部门和各系党总支共同管理。他们除根据实际表现和工作需要晋升职务外,作为学生思想品德课教师在晋升专业职务方面享受与其他业务教师同等待遇。

(1)专职干部的职责

①开展学生思想和学生工作的调查研究,根据全局形势,结合高校的实际,进行正确决

策,统一制订本系统学生思想政治教育、管理工作计划,保证学生思想品德教育管理工作的整体性与系统性。

②负责安排、协调、组织开展党团教育、政治学习和日常思想品德教育管理各项活动。按照教育部的要求,专职干部要讲授或辅导思想品德课,并负责组织形势教育、大学生思想修养、人生观教育、法制教育、职业道德教育、毕业教育与就业教育等思想品德课程的教学工作;负责指导年级主任、兼职辅导员(或班主任)、研究生政治导师的工作,包括制订工作计划,提供有关信息和教育材料,检查总结工作以及负责评比优秀教育工作者等工作;负责指导学生干部的工作,关心学生干部的培养教育,具体指导团组织、学生会开展各项教育管理活动。

③依靠年级主任、辅导员(或班主任)、研究生政治导师和学生干部,正确执行有关学生的各项政策,指导并做好学生的思想品德考核,毕业鉴定与考核,评定三好学生、奖学金、优秀学生干部、优秀团员、先进班集体以及评定助学金等工作,负责做好学生的就业及派遣工作。

(2)担任专职干部应具备的条件

专职干部主要从毕业生或青年教师中挑选。从事学生教育管理的干部必须具备以下几个条件:

①坚持四项基本原则,积极拥护、努力贯彻党的路线、方针、政策,在政治上同党中央保持一致,一般要求是中共党员。

②热心思想工作,热爱、理解、熟悉青年学生,联系群众,作风正派,坚持原则,办事公正,严于律己,为人师表。

③具有一定的社会工作经历和组织管理能力、表达能力和调查研究能力,能独立开展工作。

④具有大学本科以上文化水平,业务成绩优良。

2.教师指导学生责任制

教师在教育学生的过程中起着主导作用。调动教师教书育人的积极性是抓好学生教育管理工作的关键。除了要求所有教师在教学过程中为人师表、严格要求、注重学生思想品德教育之外,这里说的教师指导学生责任制,是要求一部分教师在完成自己教学、科研工作的同时,兼做一个年级或一个班的学生教育管理工作。指导教师包括年级主任、辅导员或班主任、研究生政治导师(以下统称指导教师)。

指导教师中的兼职辅导员或班主任可以采用分段制(即一、二年级为一段,三、四年级为一段),也可以实行四年一贯制。人数在120人或120人以上的年级应配备年级主任,负责组织、协调本年级的工作,不满120人的年级可根据情况按专业或系配备年级主任,年级主任任职期间以学生教育管理工作为主,也可适当担任少量的教学、科研工作。研究生政治导师以研究生人数1:40配备,其待遇与业务导师相同。

指导教师由高校人事处、宣传部、教师工作部门、学生工作部门和所在院系党总支组成领导小组共同管理。人事处负责把指导教师的工作表现与教师出国、进修、晋升专业职务等政策挂钩；宣传部负责指导教师的自身提高、评比先进、总结交流工作经验等工作；教师工作部门负责把指导教师的工作表现与教师教学工作量、课时酬金的发放挂钩；学生工作部门与系党总支负责对指导教师的工作指导与考核。

指导教师由教研室负责考察挑选，由系党总支、行政审核，报高校批准并颁发聘书。聘期一般为两年，可以连聘连任，无特殊情况未经批准不得随意更换，以保证工作的连续性。

（1）指导教师的职责

①努力贯彻党的教育方针，对加强学生思想品德教育管理的目的、意义认识正确，严于律己，言传身教，引导学生德、智、体、美、劳全面发展。

②负责指导学生团支部、班委会开展各项有益的活动，负责组织本年级（或班）的政治学习、组织生活、班务会议，做好日常的思想教育管理工作，保证高校各项教育管理计划、措施、制度在基层的贯彻落实。

③负责执行本年级（或班）学生的思想品德考核，评比三好学生、奖学金、优秀学生干部，推荐免试研究生以及毕业生就业等有关政策，对发展学生党员提出建议和意见。

④指导学生开展有关业务学习、课外科研、学术交流等活动。

（2）担任指导教师应具备的条件

①坚持四项基本原则，忠诚于党的教育事业，品德高尚，作风正派，能做好学生表率。

②有一定的社会工作能力和从事思想教育管理工作的经验，工作责任心强。

③有一定的学术水平，教学效果好，在担任指导教师期间，担任本年级（或班）一门业务课的教学工作。

建立指导教师责任制是发动教师做学生思想教育管理工作的重要措施。由于大多数教师都有自己的教学科研任务，并且面临业务水平的提高与专业职务的晋升，加上学生工作投入大，收效慢，工作难度大，耗费时间多，使得大学里许多教师不愿意担任指导教师的工作。造成这种状况的原因是多方面的，应端正办学方向，提高全体教师对加强德育教育的认识，同时，要制定具体的措施，在政策上解除教师的后顾之忧。只有把教师的积极性充分发挥出来，把培养学生良好的思想品德作为全体教师自觉的行动，高校学生工作才能创造崭新的局面。

3. 学生自我教育与管理制

学生自我教育与管理制就是在高校党委的领导下，充分考虑到大学生的特点和未来社会对人才的要求，在高校专职干部、教师的指导下，通过学生干部，在学生中建立各项教育管理活动的制度。

学生自我教育与管理制包括学生党团组织制度，学生会组织管理制度，学生社团及刊物管理制度，学生勤工俭学、社会实践管理制度，学生业余文化、体育活动管理制度，学生寝室管理制度等。学生自我教育与管理制度由学生团组织、学生会在专职干部的指导下制定，按照团组织、学生会的系统下达执行，并负责检查、总结、修改、完善。各系团总支（或分团委）、学生会在执行制度过程中根据本单位的实际,在不违背高校团组织、学生会制度原则的情况下,可以进行适当的调整,作为高校制度的完善与补充。

(1)学生干部的职责

①学生干部所担任的各项社会工作,既是服务工作,也是高校不可缺少的教育管理工作,他们都应在自己分工的工作中认真贯彻党的路线、方针、政策。

②学生干部在自己所管辖的范围内,应大胆行使职权,弘扬正气,打击歪风,批评不良行为。

③对学生思想品德考核、鉴定、评比三好、评奖学金、入党、入团、毕业就业等,向专职干部、指导教师提出建议和意见(专职干部、指导教师及高校有关部门应尊重学生干部的意见,在加强指导的同时,放手大胆地使用学生干部,充分发挥学生干部在教育管理中的主人翁作用)。

为了让更多的学生更好地做社会工作,发挥学生的积极性,学生干部一般不兼职,有条件的班级、系可实行干部轮换制,以便使更多的学生得到锻炼。

(2)学生干部的具体条件

①拥护党的路线、方针、政策,积极要求进步,坚持德、智、体、美、劳全面发展。

②热心为学生服务,积极肯干,作风正派,在学生中有较高威信。

③学习勤奋刻苦,学习态度端正,学习成绩优良。

④校、系的主要学生干部,必须是所在班的优秀学生。

⑤负责的某一方面工作尽量考虑到学生自身的爱好与特长。凡是受到高校通报批评以上处分的学生,凡是学习成绩较差或有不及格功课的学生不宜担任学生干部。

(3)学生干部的产生与调整

①所有团支部、班委会以上的学生干部,都必须经过全体会议或代表会议民主选举产生。新生进校第一学期,成立临时团支部和班委会。考虑到新生之间相互不熟悉,学生干部由专职干部根据招生或档案的记载与指导教师商量指定,第一学期结束时,再进行民主选举。以后根据情况每学年改选一次,学生干部可以连选连任。

②参加高校、系有关单位和部门工作的各类学生工作人员(如校刊、广播台、学生会各部工作人员)可采取选聘的办法挑选,经学生所在系的专职干部和指导教师同意后即可担任一定的社会工作。

③学生社团组织和社会实践、勤工俭学活动的负责人,由学生民主选举,分别报高校或系团组织批准,特殊情况也可由校、系团组织、学生会指定。

④学生干部的选举、增补、免职、调整必须经过同级党组织同意,并按管理范围向上级组织报告,按照正常的民主程序进行,不得擅自改选或任免干部。

(4)学生干部的培养与教育

①高校有关部门、校团委应利用业余时间有计划地对学生干部进行培训。培训包括理论学习、工作指导、经验交流、形势分析等。有目的地提高学生干部的思想觉悟与工作水平,增强他们的自我教育与管理能力。

②在寒暑假期间,高校应组织学生干部到边远地区、工厂、农村进行考察参观,了解社会实际,增强社会责任感和社会阅历。专职干部与指导教师在工作中要对学生干部严格要求,认真培养,既精心指导,又大胆放手,使学生干部在实践中不断成熟、进步。

(5)学生干部的考核与奖惩

①学生担任的社会工作,应在学生考核、鉴定中予以记载,对于工作中的成绩与实际水平也应如实反映,以便毕业就业时用人单位考察。凡是学生选举出的干部,都应在评三好学生、奖学金等政策中进行恰当的肯定,在学生入团、入党、毕业就业时应作为全面衡量学生的依据之一。

②高校除评比三好学生以外,每年还应评选一次优秀学生干部,优秀学生干部可以同时被评为三好学生,以鼓励学生干部的积极性。

③对学生干部工作的考核主要由上级学生组织、学生专职干部和指导教师共同考察与评定。

④对有错误或因工作不负责造成损失的学生干部,按高校有关规定,不宜继续工作的,应按程序予以免职或除名。

第四节　高校学生自我管理与民主管理

高校学生的自我管理和民主管理,是高校学生管理工作中的一个重要组成部分。它侧重于调动学生的主体意识,在整个学生管理工作中,起着补充和完善的作用,其由于具有独到的优越性而受到越来越多高校管理工作者的重视。

一、高校学生自我管理

高校学生的自我管理,简而言之,就是学生自己管理自己,其目的在于激发学生在管理中的主人翁精神。它是学生根据教育目的和培养目标的要求,运用现代科学管理方法,为实现个人管理有效地调动自身的能动性,训练和发展自己的思维,规范和控制自己的言行,完善和调节自己心理活动的过程。学生自我管理就其方法来说,可分为学生个体自我管理、集体自我管理和参与性自我管理。

(一)学生自我管理的特征

1.对象特征,即管理与被管理两者的统一。学生自我管理同其他管理活动的根本区别在于,其他管理活动强调对他人或他物的管理,而学生自我管理则是行为发出者作用于自身的活动过程。自己既是管理者又是管理对象,这是自我管理最基本的特征。进行自我调节和控制,是学生自我管理的实质所在。

2.过程特征,即自我认识、自我评价、自我控制、自我完善四位一体。在学生自我管理中,从目标的建立到组织实施,再到调节控制,以及不断完善,融于学生一体。学生在认识社会、他人和自己的基础上设计自己,在管理过程中评价、控制自己,最后达到目标的实现,到此也就完成了学生自我管理的一个循环——不是简单重复,而是在社会、个人的动态环境中螺旋式的循环。

3.内容特征,即不同的时代具有不同的内容。此特征有以下两个方面的含义:一是生活在一定社会条件下的人,其思想水平、知识水平和心理素质就被打上时代的烙印,学生也是如此;二是学生自我管理的目标及其社会意义具有鲜明的社会、政治、经济和文化特征。今天,社会为自我管理提供了汲取营养的现实土壤,而作为新时期的高校大学生,就应该热爱祖国,热爱人民,追求真理,锐意进取,艰苦奋斗,乐于贡献。

(二)学生自我管理的原则

从整体上说,学生自我管理不完全取决于个人愿望和努力,它必须反映社会和高校的需要,必须受到社会条件和学生管理制度的制约,符合社会道德规范,同高校培养目标一致,并置身于社会管理和高校管理之中。学生自我管理集主客体于一身,具有它的特殊性。所以,它除了遵循管理一般原则之外,还应遵循以下几个原则。

1.自觉自愿原则

学生自我管理是学生自己管理自己的一种管理方式,从管理内容的制定、目标的确定和实施到信息反馈、总结纠正等,都应由学生自己编排,要自觉自愿。当然,自觉自愿也不是放任自流,为了保证自我管理的正确方向,学生在自我管理时,必须接受学生管理部门的指导和必要的约束。对集体自我管理来说,必须注意吸收全体学生参与管理工作,充分调动和发挥每个人的聪明才智。

2.认识评价原则

学生实行有效的自我管理之前,必须全面认识自己及其所在班组、高校乃至整个社会的现状。要参与就必须认识,同时,只有参与,才能认识更全面。学生自身的政治素质、文化素质、心理素质、身体素质和社会阅历是自我管理的内在条件,而班级、高校的状况、目标、任务、结构和功能,国家政策,经济文化背景和社会规范等是自我管理的外在条件,只有正确认识社会,客观评价自己,才能使自我管理切合实际。

3.严密性与松散性相结合的原则

所谓严密性,对集体自我管理是指应当有相对稳定的组织、明确的宗旨、科学可行的计划和管理制度,有相对稳定、水平较高的骨干力量;对个体自我管理则是指目的明确、计划周密、心理状态良好。所谓松散性,是指在严密性的前提下,对学生自我管理的时间、地点、参加人员、活动内容及形式可做一些选择。这里的"严"与"松"是辩证统一的,如果没有明确的目的、严密的组织、严格的制度和较好的管理者,集体的共同利益就难以维护,教育目的也难以实现。因此,学生在自我管理中要强化集体意识,自觉服从、维护集体决议,模范地做好集体工作,只有这样,才能保证学生自我管理沿着正确的方向而不失控。同时,由于高校学生群体内部结构层次的复杂性,在保证集体利益和共同要求的前提下,要尊重学生的个性,促进学生个性发展。同学之间提倡互相尊重,互相学习,在相互帮助中共同进步。

(三)学生自我管理的作用

1.加强学生自我管理有利于学生健康成长

青年学生正处在心理的转折期、自我发现期,他们强烈希望自己的意志和人格受到外界的尊重,具有强烈的参与意识,而学生自我管理则恰恰满足了他们的这种心理愿望,从而促进其心理健康发展。他们心理的健康有利于高校的稳定。但是,由于学生世界观、人生观尚在形成过程中,他们在复杂、动态的环境里,也必然会受到各种错误思想的干扰。要有效地消除这种消极影响,除了高校、社会和家庭的教育、指导外,作为学生自己也要加强理论、思想修养,在自我管理的实践中,提高辨别和抵制错误思想的能力,使自己健康成长。

2.加强学生自我管理有利于增强学生适应社会的能力

一方面,由于目前我国还存在着教育与实践相脱节等弊端,以至许多学生动手能力和创造精神较差;另一方面,学生最终都将走向社会,接受社会检验,随着人才市场需求关系的变化,社会对学生的知识水平、知识结构、专业技能以及走上社会的适应能力提出了更高的要求。因此,学生要在复杂的社会环境中既能适应社会的要求,又能有所作为,必须在学生期间利用一切可以利用的机会,有针对性地实施自我管理,逐步缩小所学知识与社会需要的差距,不断增强自我认识、自我评价、自我控制能力,实现自我完善,为将来走出校门后尽快地适应社会奠定坚实的基础。

(四)学生自我管理的内容

学生自我管理的内容是由时代对高校学生的要求和历史赋予他们的使命所决定的,概括起来主要有思想素质、业务素质和身心素质三个方面的自我管理。它们之间是相互作用、相互渗透的辩证统一体。下面仅就业务素质的自我管理做简单的阐述,具体如下:

所谓业务素质的自我管理是指学生在教师的指导下,通过积累知识、发展智力和锻炼能力而进行的管理。

1.要树立正确的成才观

学生的成才,不仅是由他的知识、智能决定的,更主要的是由其正确的学习目的和勤于奋斗的精神所决定的。只有那些具有远大理想和抱负的人,才会使知识、智能、素质、觉悟在自身中得到统一;只有那些把自己的前途和国家命运、民族未来紧密联系起来的人,才会在事业中有所成就。

2.要掌握学习规律,完善知识结构

学生的主要任务就是通过艰苦而复杂的脑力劳动,不断增长知识,提高能力,掌握学习规律,完善知识结构。课堂学习是学生接受知识和教育的主要途径。预习、听课、复习等是学生课堂学习的主要环节,也是学生加强自我管理的重要方面。学习还要学会自学。一个人要获得完全的知识,必须具备两个条件,即书本知识和实践知识。学习实践知识,就要深入下去,投身于实践,向社会学习,在实践中积累和完善自己的知识。同时,还要完善和优化智能结构。智能是智力和能力的总称,是指一个人观察问题、分析问题和解决问题的能力。观察力、记忆力、思维力、想象力和操作能力是智力结构的五个要素。

(五)学生自我管理的途径

学生自我管理是在家庭、社会和高校管理教育的灌输、诱导、组织、指导下,进行自我规划、自我调节、自我教育和自我完善的过程。由于人和社会环境的复杂性,学生实现自我管理的途径、方法,也是多种多样、纵横交织和不断发展变化的。

1.加强高校民主建设,促进学生的自我管理

高校民主建设的本质是把广大教师、学生真正看作是高校的主人和学习的主体。高校应提倡科学,崇尚民主,为师生创造民主参与管理的机会,让他们在工作和学习中感到自己是社会的主人,是高校的主人,激发起稳定的、持久的自觉性和主动性,这样,高校才能有凝聚力,才能树立良好的学风、校风。如果高校不能顺应和满足他们的心理要求,仍然把他们作为纯粹的管理对象,采取命令式管理,那么只能压制学生的能动性,伤害学生的自尊心,其结果只会引起学生的不满。事实证明,良好的学风、校风的形成,不是靠行政管理的强制力量,而是主要靠群体的力量,靠群体规范和舆论这样一种无形的力量。因此,民主建设是高校培养人才的前提和保证,制度管理是加强高校民主建设、创造良好校园环境的保障。

我国高校的管理制度近年来逐步完善。这些制度明确了学生的道德和行为准则,为高校的日常教育、管理工作提出了一套章法。广大学生在思想教育和制度的约束中,不断调节自己的思想、行为,逐步把外在压力变成内驱力,自觉遵守,自觉维护,才能取得显著效果。民主管理要公开、平等。学生主体意识、平等意识的增强,就要求高校的管理工作要公开、平等,以取得相互理解、尊重和信任。公开即是提高管理工作的透明度,平等即是管理者和师生平等对待,真诚合作。

在管理中,高校要尽量为学生创造知政、议政和参与管理的场所和条件,扩大和完善学生参与管理的渠道,发挥他们在管理中的作用。学生参与高校管理,有归属感和主人翁感,就能发挥集体的智慧,使决策更正确。同时,参与管理也是调动学生积极性,培养学生能力,扩大学生与管理部门联系的好办法,可以提高人的素质,实现民主管理。人是管理的核心,提高人的思想、道德、知识素质,是完善高校民主管理的首要条件。高校要加强思想政治教育课的教学,充分发挥党团组织的作用,发挥管理者、教师的作用,要鼓励学生参加教育改革,激励学生自爱、自强,采取各种形式帮助学生明确民主与集中、自由与纪律的关系,增强民主意识,树立正确的世界观和人生观。学生有了"精神能源",高校民主管理才会有坚实的基础。

2.搞好学生组织的建设

学生组织主要是指校、系、班级的学生会或班委会、团组织和其他社团组织。这些组织是学生自我教育、自我服务、自我管理的主要形式,也是高校做好学生管理工作的保证。

加强学生组织建设,要选好、用好学生干部。学生干部来自学生,他们既是受教育者和被管理者,也是高校管理干部的助手,还是学生活动的直接组织者和学生基层组织的管理者。要建设一个良好的集体,必须有一批优秀的学生干部,选好、用好学生干部对于学生管理工作至关重要。

加强学生组织建设,要发挥学生组织的教育、管理功能。学生组织是高校系统中的一个子系统,加强组织建设,目的就是要发挥其作用。在教育方面,学生组织可以通过组织学生学习理论知识、时事政治、业务知识,通过举办演讲会、座谈会、报告会,组织学生参观、访问、调查和参加劳动等活动,帮助学生共同探讨理想与现实、自由与纪律、民主与集中、权利与义

务、学习与工作、事业与爱情、个人与集体等方面的关系。依靠正确的导向,在学生中形成追求进步、关心集体的舆论,形成刻苦学习、勇于进取的良好学风,形成遵守法律、讲究道德的文明环境。在管理方面,学生组织要依靠管理制度,配合教师和高校的管理干部,做好组织协调工作,提高管理效能。在服务方面,学生组织既要为学生服务,也要为高校服务。

加强学生组织建设,就要改进管理方法。方法是完成任务、实现目标所必不可少的手段,任何组织要实现管理目标,没有良好的方法,必然事倍功半。反之,管理方法得当,就会事半功倍。可见,采取好的管理方法,是提高效率的有效途径。学生组织的自我管理也不例外,一般来说,在学生组织自我管理中,制度管理法、榜样示范法、正面激励法、民主管理法等都是不可缺少的部分。

3.加强社会实践活动,完善学生的自我管理

加强社会实践活动,要做好教学过程中实践环节的自我管理。高校学生的根本任务是学习并通过学习提高自己的智力和能力,而教学过程中的实践活动正是高校为了使学生把所学到的知识运用于实践所安排的。作为学生,应扎实地掌握本专业的基础知识、基本理论和基本技能。因此,做好教学过程中的实践环节是学生自我管理的重要任务,每个学生都应根据自己专业的特点和实践的要求,自觉地参加实验、实习、考察和劳动等实践环节,并做到勤学习、勤动手、勤思考、勤总结,努力提高自己掌握和运用知识的能力。

加强社会实践活动,还要做好校内外实践活动的自我管理。校内外实践活动是教学环节的开拓和延伸,也是充分发展学生爱好、特点和长处的有效途径。搞好校内外实践活动的自我管理有四点:一是根据自己的爱好和特长,组织或参加高校的社团活动,培养自己自主、自强的责任感,培养自己适应社会发展所需要的素质。二是积极组织并参加高校开展的各种竞赛活动,在活动中培养自己的参与意识、竞争意识和集体意识,锻炼自己的组织能力和社交能力。三是充分利用假期开展社会调查和各种形式的社会服务,在参与中了解社会,坚定信念,促进自己的全面发展。四是完善管理制度和管理措施,克服松散管理和多重管理现象。

学生自我管理的途径和实现自我管理的方法有很多,不论采取哪种途径和方法,管理效果都取决于社会、高校的关注和支持,同时也取决于学生自身的努力和修养。高校学生只有在高校、家庭、社会的教育、管理指导下,树立崇高理想,加强道德修养,善于学习,勇于实践,坚持把个人理想同社会需要、把个人命运同祖国前途结合起来,自我管理才能卓有成效。

二、高校学生民主管理

大学生既是建立良好校园秩序的主体,也是建立良好校园秩序、达到培养人的目的的客体。建立良好的校园秩序目的是培养人,必须通过大学生内心的响应,通过自身的积极性和主动要求才有可能实现这一目的。

在社会主义国家,公民不仅是社会管理的对象,同时又是社会管理的主人。因此,高校大学生参与民主管理既是主体与客体统一的体现,又是社会主义性质的体现。

(一)民主管理的概述

1. 大学生民主管理

大学生民主管理是指根据社会主义民主的本质,运用社会主义民主的形式,充分调动并发挥大学生内在的积极因素和自主精神,在高校行政管理人员的领导下,组织大学生参与民主管理,以达到培养德、智、体、美、劳全面发展的"四有"人才的目的。大学生参与民主管理具有社会主义的方向性,离开了社会主义的方向,管理就失去了目标,也失去了意义。大学生民主管理采用社会主义民主的形式,是民主集中制的民主,而不是无政府主义和极端民主化的民主。

大学生民主管理是高校大学生管理系统中的子系统,是大学生管理的一种形式,它的基本作用和形式是参与和监督。它在高校领导和教师的指导下,既可参与行政管理部门的管理,又可管理学生自己的事务。

2. 大学生民主管理的必要性和可能性

校园秩序的一个重要的方面是大学生的学习和生活秩序,建立良好的校园秩序要靠高校的科学管理,但如果没有大学生的参与和管理,把建立良好的校园秩序只作为高校的事情,那么,良好的校园秩序就难以建立,所以调动大学生参与民主管理的积极性,是建立良好的校园秩序的需要。发动大学生参与民主管理不仅可以提高管理效能,而且可以在管理实践中提高他们的才干,这正符合培养目标自身的需要。

当代大学生自主意识较强,对被人管理往往持反感态度。但是实践证明,他们的"自主"往往带有很大的随意性,没有高校的严格管理和引导不利于他们的健康成长。当代大学生的参与感很强,愿意通过参与管理提高自己的才干和能力。因此,调动大学生参与民主管理的积极性,既是可能的,也是必要的。

3. 大学生参与民主管理的意义

通过大学生参与民主管理,使大学生在实践中接受社会主义民主教育,培养大学生正确的政治观点、正确的社会主义民主意识和民主精神,对于培养社会主义一代新人,对于全社会政治上的安定团结都具有十分重要的意义。大学生参与民主管理,可以构建高校领导和学生之间的信息渠道,密切高校领导和广大学生的联系,有利于建立良好的师生关系;有利于高校领导及时了解学生的情况,改进工作作风;有利于政治上的安定团结;有利于培养一批有领导才干、有管理能力、有献身精神的积极分子,这对于党的建设和社会主义事业都有着重要的意义。

(二)民主管理的组织形式

1. 学生民主管理的组织

大学生的组织包括共青团组织和学生会组织,就学生参与民主管理的目标和方法来说,二者都可以看成学生民主管理的组织形式。共青团是党的助手,是先进青年的群众性组织,学生会是大学生的群众组织,他们各自的目标和任务虽不尽相同,但就建立良好的校园秩序、培养社会主义建设人才的总目标来说,又是完全一致的。共青团组织和学生会组织都要在高校党组织和行政管理系统的领导下开展活动。无论哪一个组织都不是完全独立于高校党政领导之外的,所以都不能称为自我管理组织。班级组织和团支部组织是高校实行民主管理的最重要的基本组织,调动这些组织中的大学生民主管理的积极性,完善民主管理制度,对于建设良好的校园秩序具有特别重要的意义。

2. 学生介入高校管理系统参与学生管理的形式

这是通过学生代表参加有关学生管理会议,反映学生的意见、要求等形式来实现的。如有的高校聘请学生代表出任行政领导干部的助理等,就属于这一种形式。

3. 专业性的学生民主管理组织

有的高校建立学生宿舍管理委员会、伙食管理委员会、卫生管理委员会、治安保卫管理委员会、纪律管理委员会等,通过学生自己处理或协助高校处理问题,维持校园秩序。这些组织在行政管理部门的领导、协助和支持下组织起来进行工作,但不能自行制定和高校的规章制度相抵触的管理制度。

(三)民主管理的原则

大学生参与民主管理必须遵循以下几项原则。

1. 导向的原则

民主管理的导向就是把民主管理引导到坚持四项基本原则,坚持遵守法律、法规以及高校的纪律、条例,坚持党的教育方针,坚持正确的道德取向等方向。导向正确,不仅使民主管理不迷失方向,而且能培养学生守法、守纪的意识和习惯。

2. 自主和尊重的原则

民主管理要调动学生的积极性,就要充分发挥学生的自主精神,减少依赖性。要充分相信并支持他们自己做出符合原则的决定,有了错误,也要尽可能启发学生自己去纠正,要避免伤害他们的自尊心。管理者的责任是加强领导并及时给予指导,尽量不要代替学生做出决定,要尽可能让学生站在管理的前台。

3. 启发的原则

有些在管理者看来是简单的事,大学生可能会争论不休,这是由于学生缺乏实践经验造成的。管理人员只能给予适当的启发,尽可能由学生自己去下结论,不要轻易代替学生做出选择或简单地下结论。

4. 充分讨论的原则

民主管理相比于指令性管理要复杂得多,反反复复地讨论,要花去很多时间,但只要是认真讨论,时间就不会白费。

5. 允许犯错误的原则

民主制度本身包含着产生错误的可能性,因为多数原则只服从多数,而真理有时在少数一边。要求学生在民主管理中一定不出错误是不现实的,有时正是在错误中才能学到了更多的东西。关键是出了错要勇于承担责任,勇于改正错误。管理干部要勇于承担责任,培养一种敢于承担责任的意识。

6.民主程序的原则

实行民主管理一定要遵循民主管理的程序,只有严格遵守民主程序才能在实践中提高学生民主管理的积极性、民主精神及守法意识。

(四)民主管理的教育和引导

调动大学生民主管理的积极性,必须加强对大学生的教育和引导。

第一,要加强社会主义民主理论教育。大学生参与民主管理如果缺乏社会主义民主理论的教育,就有可能走偏方向。

第二,要加强民主管理中的责任意识教育。参与高校民主管理不仅仅是尽义务,而且也是大学生的权利。无论是履行自己的义务,还是行使自己的权利,都离不开正确的责任意识。尽义务是一种责任,行使权利也有责任,而这种责任的目标取向就是高校对学生的培养目标。责任意识的强弱和民主管理的效能成正比。

第三,在管理实践中帮助学生干部树立良好的作风。要培养学生干部密切联系群众的民主作风,批评与自我批评的作风,谦虚谨慎、戒骄戒躁的作风以及勤俭节约、艰苦奋斗的作风。管理干部自身的良好作风也将对学生产生潜移默化的教育作用。

第四,支持和帮助学生参与民主管理工作。对参与民主管理的学生,在强调为人民服务的前提下,要根据其不同的职责,给予不同的物质和精神支持。

发动学生参与民主管理,管理干部要依靠一批积极分子,依靠在群众中涌现出来的能干人才。必须重视对他们的个别教育帮助,既要以诚恳、热情、耐心的态度帮助他们解决生活、学习、工作中的具体问题,帮助他们总结工作中的经验教训,也要帮助他们解决工作中的思想和认识问题;要和他们建立良好的友谊、密切的关系和深厚的感情,要把培养爱护学生干部和培养党的积极分子统一起来。

(五)民主管理的应有作用

第一,培养学生的责任意识、纪律意识和法律意识。很多高校用发动全校学生民主讨论的方法来修订管理制度,并将讨论修订的条文提交全校学生或学生代表大会投票表决,然后由校长批准施行。讨论的过程就是一个学习和教育的过程,凡是讨论认真的,也往往是准备认真执行的,因此,也就培养了责任意识、纪律意识和法治意识。

第二,培养学生的自律精神。把学生的积极主动精神调动起来,在日常的生活和学习中参与管理,不仅可以加强和改善管理,而且可以培养学生的自律精神。

第三,培养学生公平诚实的精神。一个学习阶段完成,有大量的工作要做,比如评定奖学金、评选优秀学生和学生干部、进行毕业鉴定等。这些都可以发动学生民主讨论,培养学生的公平诚实精神。

第四,培养学生社会主义民主意识和民主精神。在强调坚持民主管理、基本原则前提下,对学生组织的活动应尽量放手,让学生自己去组织活动,严格按民主程序去处理日常工作。

三、高校学生社团活动的管理

学生社团是经过高校批准,由本校学生在自愿的基础上组织的群众性团体。近年来,社团组织发展迅速,社团活动已经成为学生课外活动的重要形式之一。

加强社团活动的管理是学生自我管理和民主管理的一项重要任务。

(一)学生社团的发展和作用

1.学生社团的发展

学生社团的发展在我国具有久远的历史。在当代中国的高等学府里,近年来,学生社团组织的发展如雨后春笋,无论是就其数量,还是就其活动范围和参加人数而言,都远远超过以往任何历史时期。今天,社团活动已经成为大学生课外活动的重要组成部分。

综观目前高校学生社团组织,按其活动性质可以划分为兴趣型社团(根据兴趣爱好自愿结成的团体,如文学社、书法社等)、学术型社团(以专业学习、研究和交流为目的组成的团体,如经济管理协会、科学技术协会等)、服务型社团(以科技、文化服务和劳务服务为主要内容的团体,如各种科技、文化中心)三大类。此外,还有在高校组织或直接指导下开展活动的文化型社团(如文艺社团、乐团等)和新闻型社团(如学生通讯社、记者站等)。

2.学生社团的作用

学生社团组织是学生自我管理、自我教育的重要形式之一。因此,不论哪种类型的社团组织,都可以在学生自我管理和自我教育中发挥重要的作用。社团组织通过开展活动,可以把具有共同兴趣爱好的学生组织起来,丰富课余生活,开阔知识视野,增进同学间的友谊,增强集体观念和协作精神,提高实际工作能力。不同的社团组织可以吸引不同兴趣的学生,调动各个层次学生的学习积极性,有助于他们在各自的起跑线上前进和发展。

此外,不同类型的社团组织,还有特殊的作用。例如,学术型社团组织对于培养学习积极性、主动性和钻研精神具有重要促进作用;兴趣型社团活动可以丰富学生课余文化生活,陶冶情操,提高文明修养水平;服务型社团活动有助于学生树立劳动观点和群众观点,加深对国情民情的了解,增加社会责任感和历史使命感;文化型社团和新闻型社团,由于其专业性强,所以能在对学生进行有关专业训练方面发挥重要作用。当然,必须正视学生社团活动中可能出现的问题。如果管理不好,有的学生社团就可能被某些不良组织利用,对学生的健康成长起相反的作用。这也告诉管理者,对学生社团活动加强引导和管理,是非常必要的。

(二)学生社团的申请、成立和解散

1.学生社团申请的基本条件

学生社团不是社会团体。学生社团是本校学生自愿组织的群众性团体。兴趣、爱好相近的学生在自愿的基础上,可以向高校申请成立社团。但在申请成立社团时,须具备以下几个基本条件:

(1)有社团章程。社团章程必须明确规定本社团的宗旨和活动目的。任何学生社团均不得反对民主管理的基本原则,不得从事有碍学生身心健康的活动。社团章程必须经过本

社团成员讨论通过。

(2)明确社团活动的内容、开展活动的方式和时间,以及接纳社团成员的办法等。社团活动的内容应与社团宗旨和活动目的相符合,应以丰富和补充课堂知识、活跃课外生活为主。社团开展活动一般应在课余时间进行,以不影响社团成员的正常学习为基本原则。接收和调整社团成员应有规定和程序,禁止个人独断。

(3)有相应的组织领导机构,明确社团筹备负责人。学生社团的组织机构、领导机构,一般应以便于组织和开展活动为设置的原则,不宜设置烦琐和庞大的机构,要实行民主集中制的组织原则。社团筹备过程中,必须指定临时负责人,一经批准成立,应民主选举或协商产生正式负责人。社团负责人,必须具备以下基本条件:政治思想好,努力学习,熟悉本社团业务,热心社会工作,有一定的组织领导能力。专业性较强的学习社团,还应聘请指导教师进行政治和业务指导。

(4)活动经费有可靠来源和相应的管理办法。学生社团可以在社团成员同意和可能承担的前提下,规定社团成员一次或定期缴纳少量会费,也可以采取正当方式筹集部分经费。但无论以何种方式取得的经费,必须有专门办法、专门机构或专人进行管理,并定期在社团内部公布收支情况。

2.学生社团的成立

(1)申请成立学生社团的程序

学生社团筹建过程中,如果同时具备上述四个基本条件,则可以正式申请成立,但要求必须有正式书面申请。

正式书面申请应包括以下内容:申请成立社团的原因和理由;拟成立社团的名称;社团的章程和宗旨;社团规模和现有成员数,活动内容及活动方式;社团筹备负责人基本情况;社团活动经费来源及管理办法等。正式书面申请须先经集体讨论通过,然后由社团筹备负责人送交高校有关部门,并由社团筹备负责人向高校有关部门做必要的说明。若高校暂未明确学生社团审批部门,可以将正式书面申请送达与本社团活动内容相近的高校有关部门。

(2)学生社团的批准

学校有关部门受理学生社团的申请、批准等项事宜。学校有关部门在决定是否批准某个学生社团成立之前,应对正式书面申请的内容进行审查,并做必要的实际调查和了解。高校有关部门决定批准或不予批准某个学生社团成立,应有书面通知,并通知社团筹备负责人。对批准成立的社团,高校有关部门应规定该社团的主管部门,必要时可规定辅导教师负责。对未被批准的社团,高校有关部门要做好解释工作。

经高校有关部门批准后,学生社团可以正式成立,开展活动。未经批准的社团不得成立和开展活动。需要特别指出的是,跨高校、跨地区、面向社会的团体,不属高校社团之列。学生申请成立这一类社会团体,应当按照我国民政部公布的《社会团体登记管理条例》的规定办理,高校无权受理此类申请。

3.学生社团的解散

学生社团的解散,主要包括自行解散和强制解散两种。

第一,学生社团的自行解散。由于学生流动快,学生社团成员变化较大,容易导致社团活动停止、社团组织自行解散的情况。学生社团自行解散,要向批准成立的部门报告,同时要妥善处理遗留经费和物资。凡属个人的,应当返还本人,其他剩余部分上缴高校。

第二,学生社团的强制解散。学生社团活动应当严格遵守有关法律和规定。社团活动发生违反宪法、法律和有关法规,并造成严重影响,或严重损害学生身心健康,或严重干扰高校秩序,或与本社团宗旨无关、经劝告仍不改正等情况时,高校有关部门可以责令该社团停止活动,并强制解散。对社团负责人和有关直接责任者,可以按有关规定做出相应的处理。

(三)学生社团的活动和管理

1.学生社团活动的基本原则

第一,学生社团必须服从高校领导和管理,社团活动要遵纪守法。高校有关部门和学生社团的主管部门代表高校管理学生社团,并对学生社团实行政治领导。学生社团要主动争取并自觉接受领导和管理,要防止出现游离于高校的领导和管理之外的学生社团组织和社团活动。

学生社团活动要符合我国宪法、法律和校规校纪的规定,要在学生完成教学计划内学习的前提下进行。学生社团组织还要发挥自我管理和自我教育的作用,教育和帮助社团成员认真遵守宪法、法律和校规校纪;学生社团活动要符合本社团宗旨。学生社团要认真按照确定的宗旨开展活动,不得从事与本社团宗旨无关的活动。

第二,学生社团邀请校外人员到高校进行社会政治活动和学术活动,均须经高校同意。学生社团邀请有关专家、学者和知名人士到高校进行有关内容的演讲、座谈和社会政治活动,对提高社团成员的水平、丰富社团活动内容,都有积极意义。但是,为了加强管理,学生社团组织或个人不得随意邀请校外人员来校从事有关活动。

学生社团组织或个人邀请校外人员(包括外籍人员)到校举办学术讲座、发表演说、进行座谈和讨论等活动,须经高校批准。组织者应提前三天向高校有关部门提出申请,说明活动的内容、报告人和活动负责人姓名,高校有关部门应当在拟举行活动的四小时前将许可或者不许可的决定通知组织者。讲座、报告等社会政治活动和学术活动,不得反对我国宪法确立的根本制度,不得干扰高校的教学、科研和生活秩序等。对于违反上述规定的活动组织者,要根据校纪,酌情予以处理;对于正在进行的这类活动,高校有关部门可以责令立即停止进行。

第三,学生社团创办面向校内的报刊,须经高校批准。学生社团可以根据需要创办面向校内的报刊,但报刊内容应限定在本社团宗旨范围内。在正式创刊之前,要向高校有关部门提出申请,说明办刊宗旨、登载内容、出版周期、经费来源,以及编辑人员组成等有关情况。未经高校有关部门批准,不得印刷和散发、张贴自办报刊。

出版面向校内的报刊,要求学生社团高度负责,认真选择稿件,尽量减少或不出差错,特别是不应出现政治性的失误。为此,应当主动争取有关主管部门帮助把关。报刊应标明已经高校有关部门批准字样或标注批准号。报刊停止出版,应向原批准部门报告。学生在校的主要任务是学习,因此,不提倡学生创办面向校外的报刊,如果创办面向校外的报刊,必须按照有关规定报政府有关部门批准,并接受指导和管理。

2. 学生社团活动的管理

学生社团活动吸引了众多学生,涉及面既宽又广,形式多种多样。而且,学生社团种类繁多,既有一般娱乐性的,又有学术性的和政治性的;既有正式合法的,也有非正式和非法的等,这就加重了学生社团管理的难度,同时也对学生社团管理提出了更高的要求。

首先,高校要加强对学生社团管理工作的领导。社团管理是一项政策性较强的工作。高校应当根据本校学生社团的现状和发展趋势,根据学生社团的类型,分别确定相应的管理部门,配备或指定一定数量的管理人员具体负责学生社团组织、社团讲座和社团报刊的审查、批准和管理等项事宜。不仅如此,高校党政领导要亲自主持研究和制定学生社团管理的有关重要政策和措施,亲自处理涉及面广、影响较大的社团组织或个人发生的问题。

其次,要加强对社团发展方向的引导。帮助学生社团把握正确的发展方向,特别是教育和引导各个社团坚持正确的政治方向。一般地说,对于学术型和专业性较强的学生社团,可以选派相关的教师或管理人员进行业务辅导,同时也进行政治方向的引导。对于政治性较强的政治性社团,应予以特别重视和关心,要选派政治上坚定、有较高的政治理论水平的领导干部和教师作为这类社团的指导教师,切实保证其政治方向、活动内容和活动形式等不发生偏差。

最后,要加强对社团负责人的培养和教育。社团负责人是学生中的骨干,他们的政治思想和品德素质如何,直接关系到社团组织能否健康发展。因此,要把社团负责人真正作为学生积极分子队伍的一员,组织他们参加业余党校、团校和党章学习小组等学习活动,引导和帮助他们认真学习马克思主义理论,提高政治觉悟和思想理论水平,提高组织能力。还要经常与他们促膝谈心,了解社团活动情况,帮助解决社团活动中出现的问题,引导社团健康地发展。

第五章 高校学生就业与创业指导工作

第一节 高校学生的就业准备

一、了解当前就业形势

近几年来高校毕业生数量急剧膨胀,就业问题似乎变得更加突出。高校毕业生是就业工作的重中之重。从近两年的情况看,大学毕业生就业呈现出新趋势:第一,"高校毕业生就业和择业趋于务实",据人社部和教育部组织开展的高校毕业生就业工作调研显示,近两年绝大多数高校毕业生是在中小企业就业,去中西部就业的毕业生比重也在逐年提高。第二,从学历上看,研究生初次就业率最高,本科初次就业率略低,高职高专初次就业率最低。从专业看,工科毕业生就业率较高,理科和文史哲类毕业生就业率较低。从毕业院校看,重点大学就业率较高,普通本科和独立学院就业率较低。第三,就业后,毕业生流动性较高,就业质量有待提高。毕业生在一年内换工作的较多,有些还是多次换工作。很多学生对于初次就业岗位不太满意,频繁调换岗位。很多学生的就业岗位与专业不对口,大都在非本专业的岗位就业,就业质量不容乐观。

二、求职前的准备

树立正确的择业观、择业标准及就业目标。择业观是否正确关系到毕业生能否制定正确的择业目标,能否找到适合自己的职业,实现自己的职业理想。那么当代大学生应该树立怎样的择业观呢? 在当前的形势下,大学生应树立以下观念:敢于竞争的观念、正确对待待业的观念、先就业后择业的观念、自主创业和终身学习的观念、到基层和经济落后地区服务的观念、发挥专业所长和培养综合素质的观念。大学毕业生具备了上述择业观念,才能最后确立既符合自己的特长与理想,又符合社会需要的就业目标,只有这样才能有利于入职合理匹配,有利于大学毕业生顺利就业,从而为社会的发展作出贡献。

三、毕业生求职前需要思考的事项

(一)读书还是工作

选择继续读书还是找工作,这是学生面临的第一个决策。除了从个人兴趣考虑以外,还要考虑一些客观因素,如凭自己的能力是否能考上? 自己的专业是否找工作较困难? 自己继续读书的目的是什么? 是否对未来做了规划?

(二)大企业还是小公司

选择"鸡首"还是"凤尾",一定要考虑清楚。喜欢稳定的同学选择大企业比较合适,喜欢冒险的同学去小公司可能更加合适。当然,去小公司之前要对它进行深入了解,认定它有发展前途之后,再做选择也不迟。

(三)专业出发还是兴趣出发

在选择工作时,要考虑是坚持自己的专业,还是根据兴趣求职。有时你可能不太清楚本专业当年的就业情况,可以向学校就业主管部门查询往年的情况,或是考虑根据自己的兴趣求职。

(四)怎样的素质会使企业满意

1.敬业精神

毕业生要具备强烈的责任心,踏实工作。如果三天两头想着换工作,肯定做不好。很多毕业生整天想着升职加薪,最好是马上做领导,如果不行就想着跳槽,这样很难在一个企业做出成绩。

2.团队意识

许多刚进入职场的毕业生,往往满怀抱负,血气方刚,在团队中常常流露出个人主义。在一些企业常常可以见到这样的员工:在市场上敢拼敢打,是一名虎将,而自恃学历层次高、工作能力强、销售业绩好,在同事和领导面前狂傲不羁,不愿遵守劳动纪律,还经常在公开场合反对领导。这样的员工业绩再出色,能力再强,最终也会被企业淘汰。

四、大学生就业问题解决策略

(一)国家宏观调控提供对应需求岗位

政府应积极发展经济,因为经济的持续快速发展能够创造更多的就业岗位,另一方面,政府应积极调整产业结构,大力发展就业容量大的劳动密集型企业,注重扶持非国有中小型企业,努力提升经济增长对就业的贡献,在促进经济发展的同时有利于扩大就业。同时,政府各主管部门应积极转变观念,树立"就业优先"思想,工作重心从以前的就业管理转变到就业服务上来,并在社会形成一种良好的舆论氛围,为大学生就业创造宽松、公平的环境。

(二)高校解决专业设置重复问题,寻求特色办学

现代社会需要各种类型各个层次的人才,为适应社会的发展,首先高校要根据自身的定位、经济社会发展的趋势以及经济结构、产业结构和就业市场对高校毕业生的需求,及时调整学科专业结构,调整人才培养结构和类型,树立以就业为导向的办学观。其次,高校要加强与用人单位的合作,根据社会的发展需求,深化高校人才培养类型和教学改革内容,缩短大学毕业生就业的适应期。最后,高校要时刻树立质量意识,提高培养人才的质量。高校应狠抓质量,狠抓特色,形成自己的人才特色和品质。

(三)大学生对自身与职业有清晰的认知

大学生要改变自己的就业观念,实事求是地估计自己,准确给自己定位,要认识到越偏远的地方越能够发挥自己的专长,不要有地域上的歧视。同时,增加知识的积累,认真学习

自己的专业知识,再适当地补充相关专业的知识,增加自己的求职砝码。在大学期间要多参加一些自己感兴趣的资格考试并获得资格证,以提高自身的就业筹码。学生还要提高实践能力,要学会把书本知识应用在实际中,从多方面锻炼自己,提高就业成功率。

五、未来职业发展趋势

(一)职业的教育含量增大

各种就业岗位,需要更多的受过良好教育、掌握最新技术的技术工人,单纯的体力劳动或机械操作职业将明显减少。

在发达国家,制造业中蓝领工人失业率高于从事管理工作的白领员工;而白领员工中从事服务性工作,如银行、广告等的失业率又明显高于从事开发和研究工作的员工。未来白领蓝领阶层的界线将越来越模糊,职业逐渐向专业化方向发展。

(二)职业要求不断更新

一些职业,因新的工作设备和条件变化,对职业内容有了新的要求。如行政工作人员,在以前只要求具备较好的组织协调能力、分析问题解决问题能力、文字能力、口头表达能力等。但现在除要求他们具备上述能力以外,还要求具备社会交往及计算机辅助管理、办公自动化操作能力等。

(三)永久性职业减少

只有少数人能拥有"永久性"的工作,而从事计时、计件或临时性职业的人会越来越多。

第二节　高校学生就业能力的提升

一、目标职业对专业技能的要求

不同类型的职业对从业者的知识结构、职业素质要求不尽相同,下面介绍几种大学生毕业之后接触较多的职业类型及其专业知识要求。

(一)管理类职业的要求

管理类职业主要包括企事业单位中的行政管理、企业管理、金融管理、财政管理、经济管理等工作。进入此类职业领域的大学生的知识结构中,需要有较大比例的管理学理论和专业知识,懂得管理科学的发展规律,了解最先进、最有效率的管理方法和经验。同时,还要涉及与管理工作相关的税务、工商、外贸等相关知识。除此之外,国家的方针、政策和基本的法律知识也需要很好地掌握。在从事管理工作的过程中,懂得运用一些基本的管理技巧和管理策略将使工作得心应手。

(二)技术类职业的要求

技术类职业主要包括各行业各领域中从事各类技术应用工作的职业。例如各类技师、工程师、医师等,此类职业对专业知识和专业技能要求相对较高。进入此类职业领域的大学生的知识结构中,需要有扎实的专业技术知识,较新的现代专业理论,同时,要能熟练地掌握应用于实际工作的操作技术。另外,还需要考取相应的职业资格,如医师执业证书、质量专业技术人员职业资格证、出版专业技术人员职业资格证等。

(三)科研类职业的要求

科研类职业主要包括科研院所、高新企业等机构中的基础理论研究、应用理论研究、各学科学术研究、信息情报研究等工作,科技含量相对较高。进入此类职业领域的大学生的知识结构中,需要有丰富、坚实的专业基础知识、扎实的理论功底、严谨的研究态度、良好的逻辑分析能力、掌握多种科学研究方法,精通本专业的各种实验方法和调查研究方法,会恰当运用调查研究的技巧。同时,还要密切关注和掌握本专业领域的国内外最新研究成果和前沿信息。

二、目标职业对个人素质的要求

(一)诚信

诚,即真诚、诚实;信,即守承诺,讲信用。诚信的基本含义是守诺、践约、无欺。通俗地表述,就是说老实话、办老实事、做老实人。诚信是一切道德的基础和根本,是一个社会赖以生存和发展的基石,是社会主义社会调节个人与社会、个人与个人之间相互关系的基本道德规范,也是社会公德和职业道德中的基本准则。诚于内而信于外,只有内心诚实,才能得到他人的信任。人生活在社会中,总要与他人和社会发生关系。处理这种关系必须遵从一定的规则,有章必循,有诺必践。否则,个人就失去立身之本,社会就失去运行之规。诚信是公民道德的一个基本规范,它不仅是一种品行,更是一种责任;不仅是一种道义,更是一种准则;不仅是一种声誉,更是一种资源。就个人而言,诚信是高尚的人格力量;就企业而言,诚信是宝贵的无形资产;就社会而言,诚信是正常的生产生活秩序;就国家而言,诚信是良好的国际形象。诚信是道德范畴和制度范畴的统一,个人的人品如何直接决定了这个人对于社会的价值。而在与人品相关的各种因素之中,诚信又是最为重要的一点。微软公司在用人时非常强调诚信,公司只雇佣那些最值得信赖的人。当微软列出对员工期望的"核心价值观"时,诚信被列为第一位。

(二)主动

由于文化氛围和性格特点,中国的学生和职员大多属于比较内向的类型,在学习和工作中不够主动。在学习中,学生往往需要教师安排学习任务;在公司里,职员常常要等老板吩咐做什么事、怎么做之后,才开始工作。但是,要想在求职和职业中获得成功,就必须努力培养自己的主动意识:在工作中要勇于承担责任,主动为自己设定工作目标,并不断改进方式和方法。"机不可失,时不再来",只有积极主动的人才能在瞬息万变的竞争环境中获得成功,只有善于展示自己的人才能在工作中获得真正的机会。

(三)自觉自律

古语云,人贵有自知之明。这实际上是说,社会生活中的每个人都应当对自己的素质、潜能、特长、缺陷、经验等各种基本能力有一个清醒的认识,对自己在社会工作生活中可能扮演的角色有一个明确的定位。心理学上把这种有自知之明的能力称为"自觉",它通常包括察觉自己的情绪对言行的影响,了解并正确评估自己的资质、能力与局限,相信自己的价值和能力等几个方面。一个人既不能对自己的能力判断过高,也不能轻易低估自己的潜能。对自己判断过高的人往往容易浮躁、冒进,不善于和他人合作,在遭到挫折时心理落差较大,难以平静地对待客观事实;低估了自己能力的人,则会在工作中畏首畏尾、犹豫不决,没有承担责任和肩负重担的勇气,缺乏工作的积极性。有自知之明的人既能够在他人面前展示自己的特长,也不会刻意掩盖自己的欠缺,坦陈自己的不足而向他人求教不但不会降低自己,反而可以表示出自己的虚心和自信,赢得他人的尊重与青睐。有自知之明的人在遇到挫折时不会轻言失败,在取得成绩时也不会沾沾自喜。认识自我,准确定位自我价值的能力可以帮助个人找到合适的职场空间及发展方向。

自律指的是自我控制和自我调整的能力。这包括:自我控制不安定的情绪或冲动,在压力面前保持清晰的头脑;以诚实赢得信任,并且随时都清晰地知道自己的行为将影响他人。自律必须建立在诚信的基础上。为了表现所谓的"自律"而在他人面前粉饰、遮掩自己的缺点,刻意表演的做法是非常不可取的。只有在赢得他人信任的基础上,严于律己、宽以待人,才能真正获得他人的尊重和赞许。

(四)谦虚执着

谦虚指不自满,肯接受批评,并虚心向他人请教。有真才实学的人往往虚怀若谷,谦虚谨慎;而不学无术、一知半解的人,却常常骄傲自大,自以为是。谦虚是一种美德,是进取和成功的必要前提。目前,不少大学生在生活中唯我独尊,不听取他人的建议,不能容忍他人和自己意见相左,这些不懂得谦虚谨慎的同学也许可以取得暂时的成功,但却无法在人生的事业上不断进步。因为一个人的力量终究有限,在瞬息万变的当今世界,个人必须不断学习,善于综合并听取他人的良好意见,否则就将陷入一意孤行的泥潭。执着是指坚持正确方向,矢志不渝的决心和意志。无论是个人也好,还是集体也好,一旦认明了正确的工作方向,就必须在该方向的指引下锲而不舍地努力工作。在工作中轻言放弃或者朝三暮四的做法都不能取得真正的成功。成功者需要有足够的勇气来面对挑战。任何事业上的成就都不是轻易就可以取得的。一个人要想在工作中出类拔萃,就必须面对各种各样的艰难险阻,必须正视事业上的挫折和失败。只有那些谦虚执着、有勇气迎接挑战的人才能真正实现超越自我,达到卓越的境界。

(五)责任心

责任心是指个人对自己的义务和责任的自觉意识和积极履行的行为倾向。它意味着个人对待工作、家庭、自我、他人、社会乃至整个人类社会的负责态度和奉献精神,它总是表现在人们的社会生活和工作行为活动中。一个人有了责任心,他就会去主动地关心帮助他人,对他人负责;就会忘我地投入到工作中去;就会在学习和工作中严于律己,对自己的行为负责,使自己不断完善,不断成熟。相反,一个缺乏责任心或责任心不强的人,往往意识不到自己做人、做事的责任,从而造成人格上的缺陷。用人单位在招聘大学生时,对责任心是很重视的,往往通过各种方式、方法考察一个人的责任意识。

(六)自信

自信是自我意识中的重要组成部分,是心理健康的一种表现,是学习、职业成功的有利心理条件。自信的人能以自己的实际能力接受来自心理和社会的压力和挑战,并体现为沉着、冷静的情绪。在工作、学习、求职的过程中,一个人应勇敢地说出并实施自己的想法和主张,尽可能地积极影响同学、同事、上级和工作对象,创造各种有利机会,赢得职场的成功。

(七)勤奋

通俗地说,勤奋就是不辞辛劳、不知疲倦地做事。这种勤奋是自觉自愿的,不是外部力量驱使的。其实,做任何事情都不可能一蹴而就,学业也好,事业也好,要达到自己的奋斗目标,都必须付出艰苦的劳动,进行不懈的努力,克服这样那样的困难。当然,勤奋不等于一天从早到晚忙得昏头昏脑,不等于搞疲劳战术,应勤而有序,勤而有得,有效地利用正常的学习和工作时间,扎实勤奋地学习和工作。

(八)时间管理

时间对于每一个人来说都是有限的,只有善于管理时间的人,才能让有限的时间发挥最大效益。事实上,任何一个成功者,都是时间管理的高手。用人单位在招聘和选拔人才时,时间管理能力是一个重要的考虑因素。在有些岗位,这一能力还显得至关重要,如营销人员、外派采购人员、经理人等。相对来说,他们的自由度较大,如果缺乏时间管理能力,他们不仅会浪费很多时间,还会浪费公司很多资源。所以,用人单位经常通过组织会议、处理信件、接待来访等方面的考题来考察一个人的时间管理能力。

(九)专注

专注既是一种精神,又是一种态度,更是一种习惯。专注的人能专心致志、全神贯注,不受任何其他因素和外界诱惑的干扰,对既定的目标和方向执着如一,不懈努力;专注的人能集中所有的资源和精力办事;专注的人能把一件事情做到底,不达目的不罢休。因此,专注是一种优秀的个人素质,大学生应具备专注的品格,保持一颗超然的平常之心,把时间、精力和智慧聚集到所要完成的重大目标和任务上。

三、根据目标职业,提升个人能力

(一)树立正确的职业理想

大学生一旦确定自己理想的职业,就会依据职业目标规划自己的学习和实践,并为获得理想的职业积极准备相关事宜。

(二)正确进行自我分析和职业分析

自我分析即通过科学认知的方法和手段,对自己的兴趣、气质、性格和能力等进行全面分析,认识自己的优势与特长、劣势与不足。职业分析是指在进行职业生涯规划时,充分考虑职业的区域性、行业性和岗位性等特性,例如:职业所在的行业现状和发展前景,职业岗位对求职者的自身素质和能力的要求等。

(三)构建合理的知识结构

根据职业和社会发展的具体要求,将已有知识科学地重组,建构合理的知识结构,最大限度地发挥知识的整体效能。

(四)培养职业需要的实践能力

除了构建合理的知识结构外,还需具备从事本行业岗位的基本能力和专业能力。大学生只有将合理的知识结构和适用社会需要的各种能力统一起来,才能立于不败之地。

第三节　高校学生创业教育

一、大学生创业的理念

(一)正确理解创业的含义

所谓"创"就是创造、创新、创立;"业"可以是企业,也可以是事业、家庭等。所谓"创业",就是指创立基业或创办事业,也就是自主地开拓和创造业绩与成就。创业是解决社会就业问题最有效的途径之一,是财富与权力重新分配的重要手段。事业是个人追求与社会价值的统一,创业既可以实现人生价值,又能造福社会、服务社会,是个人人生历程中最具有积极意义的社会行为。

(二)正确理解大学生创业的意义

青年是创业的黄金时期,新时代形成了对大学生通过创业兴业、自强自立来推动科技进步和经济发展的强大需求,也出现了大学生创业的黄金般的机遇。

1. 创业可以满足大学生对独立自主的追求

渴望独立,追求自由,是当代大学生的一种普遍的心理倾向,他们不满足于循规蹈矩地按别人的指令做事,而是希望自己掌握自己的命运。

2. 创业可以提高大学生的综合素质

几乎没有一个成功的创业者会遵循自己创业之初的计划去按部就班地发展自己的事业,面对各种潜在的不确定性,许多创业者"兵来将挡、水来土掩",在挑战各种不可预料的风险中激发着自己的工作热情和创造潜能。正是在适应环境、改造环境,创造性地解决问题的过程中,大学生逐渐增强了自己认识环境、适应环境和抵御风险的能力,而这种能力较之创业的物质结果,从某种程度上更会使人终身受益。

3. 创业可以实现大学生对成就感的需求

成就感的需求是一种高层次的需求,它一方面指的是一个人需要被社会承认;另一方面指一个人希望自我实现。创业需要拿出必要的时间,付出极大的努力,承担必要的风险,但高风险就意味着高回报。创业所带来的收益特别是物质财富,极大地改善了大学生的经济地位和社会地位,使他们获得了独立自主,并由此获得强烈的成就感和精神上的极大满足。并且,大学生创业在获得物质回报和精神满足的同时,还通过促进经济社会的发展来回报社会。创业促进了新的经济结构和社会结构的形成,改变着人们对经济发展中各行业认识的思维定式,推动了科学技术的创新进步,缓解了全社会的就业压力,极大地推动着经济和社会前行的步伐。

4.创业可以改善大学生的经济状况和社会地位

大学生的创业行动对社会、经济、教育等方面所形成的观念的冲击无疑是深远而巨大的,他们对大学生创业的示范与演示作用,将鼓励着新一代大学生投身自主创业的大潮,在创业实践中建功立业。

二、大学生创业的类型

(一)机会型创业与就业型创业

从动机角度,创业可分为机会型创业与就业型创业。

1.机会型创业

机会型创业的出发点并非谋生,而是为了抓住、利用市场机遇。它以新市场、大市场为目标,因此能创造出新的需要,或满足潜在的需求。机会型创业会带动新的产业发展,而不是加剧市场竞争。世界各国的创业活动以机会型创业为主,但中国的机会型创业数量较少。

2.就业型创业

就业型创业,也叫生存型创业,其目的在于谋生,为了谋生而自觉地或被迫地走上创业之路。这类创业大都属于尾随型和模仿型,规模较小,项目多集中在服务业,并没有创造新需求,而是在现有的市场上寻找创业机会。由于创业动机仅仅是为了谋生,往往小富则安,极难做大做强。

生存型创业和机会型创业与主观选择相关,但并非完全由主观决定。创业者所处的环境及其所具备的能力对于创业动机类型的选择有决定性作用。因此,创造良好的创业环境,通过教育和培训来提高人的创业能力,就会增加机会创业数量,不断增加新的市场,促进经济发展和生活改善,减少企业之间的低水平竞争。

(二)自主型创业与企业内创业

按照新企业建立的渠道,可以将创业分为自主型创业和企业内创业。

1.自主型创业

自主型创业是指创业者个人或团队白手起家进行创业。自主型创业充满挑战和刺激,个人的想象力、创造力可得到最大限度的发挥,不必再忍受单位官僚主义的压制和庸俗的人际关系的制约;有一个新的舞台可供表现和实现自我;可多方面接触社会、各种类型的人和事,摆脱日复一日单调乏味的重复性劳动;可以在短时期内积累财富,奠定人生的物质基础,为攀登新的人生高峰做准备。然而,自主型创业的风险和难度也很大,创业者往往缺乏足够的资源、经验和支持。

自主型创业有许多种方式,但是,大体上可以归纳为如下几种:

(1)创新型创业

创新型创业是指创业者通过提供有创造性的产品或服务,填补市场需求的空白。

(2)从属型创业

从属型创业大致有两种情况:一是创办小型企业,与大型企业进行协作,在企业整个价值链中,做其中的一个环节或者承揽大企业的外包业务,这种方式能降低交易成本,减少单打独斗的风险,提升市场竞争力,且有助于形成产业的整体竞争优势;二是加盟连锁、特许经营,利用品牌优势和成熟的经营管理模式,减少经营风险。

（3）模仿型创业

根据自身条件,选择一个合适的地点和进入壁垒低的行业,学着别人开办企业。这类企业投入少,并无创新,在市场上拾遗补阙,但逐步积累也有机会跻身于强者行列,创立自己的品牌。

2.企业内创业

企业内创业是进入成熟期的企业为了获得持续的增长和长久的竞争优势,为了倡导创新并使其研发成果商品化,通过授权和资源保障等支持而开展的企业内创业。每一种产品都有生命周期,一个企业在不断变化的环境中,只有不断创新、不断将新的成果推向市场、不断推出新的产品和服务,才能跳出产品生命周期的怪圈,不断延伸企业的生命周期。成熟企业的增长同样需要创业的理念、文化,需要企业内部创业者利用和整合企业内部资源创业。

企业内创业是动态的,正是通过二次创业、三次创业乃至持续不断的创业,企业的生命周期才能不断地在循环中延伸。

（三）大学生创业和兼职者创业

按照创业主体分类,创业可以分为大学生创业、失业者创业和兼职者创业。

1.大学生创业

高校毕业生创业,可独立创业,也可合伙创业;可做所学专业的事情,也可做非所学专业的,这在今天已较普遍。自主创业的目的往往并非以挣钱为主,而是不愿意为别人打工,受制于人,是做自己想做的事,体现自己的人生价值。

独立创业是指创业者独立创办自己的企业。个人独立创业已成为一种普遍的现象。独立创业的特点在于产权是创业者个人独有的,相对独立,而且产权清晰,企业利润归创业者独有。企业由创业者自由掌控,创业者按自己的思路来经营和发展自己的企业,无须迎合其他持股者的利益要求及对企业经营的干预。但是,独创企业需要创业者面临独自承担风险、创业资金筹备困难、财务压力大和企业发展受个人才能限制等约束。

合伙创业是指与他人共同创办企业。与独创企业相比,合伙创业有以下几个优势:一是共担风险;二是"融资难"得到缓解;三是有利于优势互补,形成一定的团队优势。不利因素有:一是易产生利益冲突;二是易于出现中途退场者;三是企业内部管理交易费用较高;四是对企业发展目标可能有分歧。

2.兼职者创业

有本职工作,但因有较好的专业背景或项目而选择创业。

（四）传统技能、高新技术和知识服务型创业

按创业项目分类,创业大致可以分为传统技能型、高新技术型和知识服务型三种。

1.传统技能型

选择传统技能项目创业具有永恒的生命力,使用传统技术、工艺的创业项目常因拥有独特的技艺或配方而具有市场优势。尤其是酿酒业、饮料业、中药业、工艺美术业、服装与食品

加工业、修理业等与人们日常生活紧密相关的行业中,独特的传统技能项目表现出了经久不衰的竞争力,许多现代技术都无法与之竞争。

2.高新技术型

高新技术项目就是人们常说的知识经济项目、高科技项目,其知识密集度高,带有前沿性质、研究开发性质。高新技术企业的标准有四条:一是知识密集、技术密集;二是大专及以上学历人员占职工总数的 30％以上,且研究开发人员占 10％;三是高新技术产品研究开发费用占总收入 3％以上;四是技术型收入与高科技产品产值总和占企业总收入的 50％以上。

3.知识服务型

当今社会,信息量越来越大,知识更新越来越快。为了满足人们节省精力、提高效率的需求,各类知识型咨询服务的机构不断细化和增加,如律师事务所、会计师事务所、管理咨询公司、广告公司等。知识服务型项目是一种投资少、见效快的创业选择。

三、大学生创业的意义

创新与创业活动作为科学技术转化为现实生产力的桥梁,能够更新现有组织并增强市场竞争力,正日益成为经济发展的引擎和重要推动力。21 世纪是"创业时代",鼓励创新与创业,已成为包括我国在内的许多国家竞相实施的国家战略。

(一)创业改变世界

创业创造了光辉灿烂的人类文明,创业还将创造光明美好的未来。可以说,没有任何一种单一的社会经济的推动力量,能像我们正在面临的这场创业革命那样,在 21 世纪以及未来更长的时期,深远地影响并将完全改变人们生活、工作、学习和发展的方式。

1.创业促进经济发展

在我国,经过多年的改革开放,创业活动催生了中小企业的迅速崛起。新创的中小企业是中国经济新的增长点,提供了大量的产品和服务,对维持我国经济持续高速增长,对促进我国的城市化进程和现代化建设,起到了重要的作用。

具体来说,创业对经济增长的作用表现在:优化社会资源的配置;促进市场体系的完善,增强市场竞争活力;改变传统的产业格局;创造社会财富,增加国家财政收入;拉动国内市场需求,繁荣社会经济。

2.创业推动科技进步

创新是创业的主要驱动力量,创业是新理论、新技术、新知识、新制度的孵化器,也是新理论、新技术、新知识、新制度形成现实生产力的转化器。

就我国而言,当前中国经济结构调整的重点是发展高新技术产业和升级改造传统产业,而创业往往伴随着新技术、新产品、新工艺、新方法进入市场,科研成果转化型的创业企业,往往伴随着新的技术或工艺的产生与发展,这对中国科技水平和综合国力的提高有着巨大的促进作用,成功的创业企业必然会为社会经济注入新鲜活力,有利于促进整个社会生产力的发展。

3.创业增加社会就业

创业活动不仅引起私营企业就业人数的增加,其他性质企业的就业人数也得到了相应的提升,它带动了整个社会劳动力需求的增加。创业活动产生了企业,企业带来了新的劳动力需求,劳动力需求推动了工资水平的上升,最终促进了人民生活水平的提高。

4.创业推动社会发展

创业繁荣了市场,丰富了人们的生活,提高了人们的生活质量。大量的新创中小企业利用其灵活机制,通过"多品种""小批量"等个性化服务,以及参与垄断行业和新兴产业领域的竞争,保证了市场活力,促进了市场竞争。

创业促进了社会稳定和谐,是实现共同富裕的有效途径。创业不仅使得大批白手起家的人获得丰厚的财富回报,更通过扩大社会就业,降低社会失业率,稳定了社会秩序,实现了共同富裕的发展目标。

创业还促进了社会文化、观念的转变。创业使无数人进入了经济和社会的主流,对于形成创新、宽容、民主、公正、诚信等观念和文化具有积极作用。

总之,创业活动的经济和社会效应主要表现在以下几方面:①创业活动为社会提供了新的产品和服务,增加了社会供给;②创业活动扩大了需求,增加了就业,是治理失业的重要途径与手段;③创业活动伴随着技术创新与技术进步,推动着生产方式和手段的变革;④伴随着创业活动的兴起和发展,涌现出大批企业家,而企业家是现代社会最稀缺的重要人力资源之一;⑤创业活动所产生的诸多中小企业,以及以中小企业发展为基础所形成的充满活力的创业经济,是社会经济进一步发展的动力;⑥创业活动为人们提供了自我实现、向上流动的通道;⑦在创业活动中,创业者勤奋工作、自强不息、不断进取、不畏风险、勇于创新的精神,以及对金钱和事业的强烈渴望所形成的创业文化,深刻影响着社会的进步。

(二)创业空间不断拓展

经济的发展和政策的优化为创业带来了更多的商机和更适合的市场环境。创业教育的推进也将不断提高创业者的素质和能力。国家"以创业带动就业"政策的提出和创业计划竞赛的开展,鼓励着越来越多的大学生参与自主创业。创业的机遇、条件、环境都达到了多年以来的最佳时期,只要大学生调整心态,艰苦努力,扬长避短,自主创业就一定能有所成就。

(三)知识经济与创业

随着经济的发展和社会的进步,新的经济形态不断涌现,如知识经济、网络经济、蓝海经济、低碳经济等,在新经济形态下,传统农业经济和工业经济的生产经营方式面临着空前挑战,这些对创业活动都有着深刻的影响。

人类正在进入知识经济时代,这促使我们对身边发生的一切事物重新审视与认识。知识经济形态是科学技术与经济运行日益密切结合的必然结果,是经济形态更人性化的表现形式。知识经济的基本特征是知识型企业大量出现,并在经济活动中起着越来越重要的作用。知识经济使人类的社会生活、产业组织形式、企业的组织与运行方式都发生了巨大变化。在知识经济时代,由于小企业的作用加大了,创业便成为经济运行中一种越来越重要的动力。

在知识经济条件下,网络等通信手段更加发达,知识的生产加快,同时,知识的传播、转移也得到加快,人们更广泛、更及时地实现知识、信息、资源共享。在知识经济时代,创业行为实现的价值以及实现价值的机会几乎是无限的。由于计算机、通信等信息技术的发展,改变了人们对时间、空间、知识、智力的概念,同时也改变了人们对需求、市场、管理、价值、财富等概念的基本认知。

在知识经济时代,创业活动具有以下特点:

其一,在知识经济时代,创业更加容易。由于信息产业的出现与壮大,人们获取创业机会与市场信息的渠道快捷容易,技术的日新月异、市场的快速变化、人们生活节奏与方式的变化,使创业机会大大增加。在知识经济时代,人人都有创业的机会。

其二,知识的快速流动和扩散,使得学生与教师、学习与工作、企业与社会的界限更加模糊。由于企业与社会界限的模糊,出现了许多创业的新模式。

其三,在知识经济时代,创业与成功的距离更拉近了。由于创业环境大大改善,创业所需的信息可以快捷低廉地获得,创业所需的资金可以从风险投资家处得到。同时,由于企业孵化器、创业中心的大量出现,由于资本市场的发育,从创业到成功,从投入到回报所花费的时间比以往任何时候都短。

其四,在知识经济时代,创业的源泉大大增加了。由于知识与技术获取的渠道增多,技术发明者与技术掌握者已经不是主要的创业者来源,知识与技术能够面对更多的人,创业行为将更加普遍。

其五,在知识经济时代,利用技术或构思进行创业将更加普遍。

第六章 高校学生安全教育与危机应对

第一节 高校学生安全教育概述

一、高校安全教育的主要内容

（一）心理健康教育

高校中学生的成长是全面、系统的,拥有良好心智、健康品行是校园教育追求的目标,也是个体成长的基础,健康心理是学生个体心智健全、品行良好的前提,因而是最重要的内容。

部分高校管理者和学生工作人员片面理解和认知心理健康教育,"心里有病"才应接受教育,而不认同心理疾患广泛性、长期性的特点。另一错误倾向认为心理教育应归属于德育,无须单列,主观片面地忽视其重要性,而当安全事故发生时,则悔之晚矣。

大部分在校大学生心理上存在不良反应和适应障碍,心理障碍的发生率上升趋势明显,且表现形式多样,如焦虑、恐惧、忧郁、冷漠、偏执、暴躁、消沉等。同时,高校心理健康教育的开展也存在诸多问题,如课程设置不合理、教学内容空泛、教师缺乏必要的系统培训、管理者和学生工作人员主观上的轻视等都在一定程度上影响着心理健康教育的效果。物质主义思潮的冲击,激烈如战场的就业环境,各种学习、生活压力,个人成长过程中不良因素导致的其他压力等,使在校大学生产生心理问题的趋势愈发明显和突出。高校要特别重视学生心理安全教育,培养学生的健康心态和完整人格,具体应开展环境适应教育、人际关系教育、健康人格教育、心理卫生知识教育、挫折应对教育以及心理疾病防治教育。

（二）法律知识教育

法是规则,是行为规范,贯穿个体成长、发展这一漫长的人生历程。法也是保障人之基本权益的最好武器。高校学生拥有良好的法治意识和法律知识,这对保护他们的人身、财产权益有着举足轻重的作用,而且对规范个体行为、维护校园秩序、创造安全和谐的校园生活和学习环境同样有着非同一般的意义。

对大学生开展法律知识教育,符合当今法治社会建设主流,符合我国当前的高校教育规律,符合经济社会发展对未来人才培养目标的要求。法律知识教育应从与学生日常生活密切相关的法律知识入手,如宪法、选举法、民法、刑法、劳动法、劳动合同法、国防法、计算机信息网络国际联网安全保护管理办法等。要充分发挥高校公共基础课、法学基础课及相关法制教育专题讲座的作用,坚持课堂教学和专业实践、社会实践相结合,通过各种形式的专业实践活动和法律实践活动来推进法制教育,如通过举办专题讲座、知识竞赛、模拟法庭等多种形式的活动来激发学生学习法律知识的热情。

（三）安全知识教育

高校对在校学生的人身、财产安全有天然的责任、义务，高校管理人员和学生工作管理者应通过自己的工作实现为学生成长发展营造安全环境的目标。校园内的学生安全问题也在提醒我们审视：学校安全教育有没有为学生提供更好的技能、方法以规避伤害、保护自己；有无前期预防工作和避免伤害发生的预案，学生的安全知识是否欠缺；面对突发事件如何防范、处理。

学校应通过安全理论知识教育增强学生防范意识。开展消防安全实操，进行地震疏散安全演练，进行交通出行安全教育，教授学生防火、防电安全常识和用水安全观念，对学生进行防盗、防雷、防骗、防人身伤害安全教育等，形式可以多样。

（四）校纪校规教育

校纪校规教育是学生从幼儿园开始就接受的教育，是法律规则在校园的延伸、体现，两者在强制力和规范性上有所差别，但对学生的纪律观念养成、安全行为习惯养成有着积极意义。当代大学生已是成年人，应通过法律知识、校规校纪学习，知道什么事情应该做、什么事情不应该做，知道自己行为的底线，这对学生成长和未来发展都大有裨益。

（五）网络安全教育

网络安全教育虽是新兴话题，但加强网络安全教育刻不容缓。高校应主动出击，加强网络阵地建设，借助校园网及其他网络工具，规范高校学生上网行为，加强舆论引导，使大学生健康、科学使用网络。同时，丰富网络载体，引导大学生正确使用网络，不被网络束缚。创新网络教育形式，对"网瘾"学生进行心理干预和辅导，主动和他们谈心、交流，关注和关心他们的学习、生活，从而保护他们的身心健康。

二、高校安全教育工作存在问题的原因分析

（一）部分院校重形式轻落实

当前，大部分高校的安全教育工作已经推行党委领导、分管院领导负责机制，通过签订目标责任书的方式，将责任逐层分解到各个部门。这无疑是一种看上去十分高效的模式，在理论上能够充分调动部门人员，形成常态化的参与机制。但在实际落实过程中，安全教育、心理普查等工作一般仅在新生入学和开学之初才有开展，阶段性突击意味浓重，缺乏持久性，难以使安全教育入心入脑。

（二）部分院校安保力量薄弱

大部分院校的安保工作力量来自内部的保卫部门及保安等一线队伍，人员少、任务重、压力大，面对繁杂事务，难有充沛的精力投入安全教育工作中去。近年来，为增强安保力量，部分院校也从各班级抽调治保委员组成校卫队，但是由于学生以学业为主，投入额外工作的精力有限，所以效果并不理想。如此，安全教育工作的重任最终还是落到了学校思想政治管理人员的肩上，这些人包括院校学生处、各部/系分管学生工作的领导、辅导员、班主任等。但保卫、思想政治管理等人员毕竟是少数，难以促成广大师生共同参与的联动机制。

（三）部分院校安全教育方式过于单一

目前，部分院校的安全教育一般是通过传统的班会、系会、讲座等方式开展，方式方法较为单一，缺乏针对性。在教育内容上也按部就班，停留在传统的人身安全、财产安全和交通安全三大类上，对新形势下的安全内容（如意识形态安全教育、网络安全教育）较少涉及，院校内也没有开设安全教育课程（课题）研究以系统总结和研讨安全教育新问题、新内容、新途径和新方法。

三、加强和改进高校安全教育工作的建议

（一）要牢牢把握安全教育工作的主动权

一直以来，安全教育工作更多停留在安全执行模块、满足于教的表象上，对教育什么、怎么教育则缺乏一套系统的理论研究，并没有非常具体和明确的教育内容，更多的是应景式、被动的安全教育内容。所以，深入开展安全教育工作理论研究，充实丰富安全教育工作内容，制定一套行之有效的安全教育规划，并在实际工作中贯彻执行，实为必要。同时，高校有必要开设专门的安全教育课程（纳入学分制管理），面向在校生传播最新的安全教育工作内容和研究成果，最大限度地起到主动预防作用。

（二）细化安全教育工作方法，探索多样化教育方式

安全教育工作并不是孤立存在的，可在实际工作中结合院校的其他各项教育活动，以富有感染力的方式或学生喜闻乐见的方法展开。通过安全知识竞赛、观影、编排舞台情景剧等形式，使安全教育融入校园文化活动中，让学生在观赏中接受并自觉强化人身、交通、反诈骗等各种安全意识，增强抵御能力；探索开设互动式游戏教学，通过设定的游戏规则和环节，在互动过程中对学生的安全意识形成潜移默化的影响；以学生心理健康普查为契机，掌握学生的心理健康状况，针对存在的问题，有的放矢地开展心理疏导和健康安全教育；依托模拟实战演练（地震、消防等）和各种培训（急救护培训等），让学生在模拟氛围中，充分感受到掌握安全知识和技能的重要性，激发其主动接触和学习的热情。

（三）细化互联网安全意识教育

一是精细校园内外网络传播内容管理（明确什么能发，什么不能发）。针对高校校园内部网络，高校网络管理部门可通过借助软硬件的支持和管理，对校园网络传播内容进行精准管理；针对在高校区域内的外联网络，高校网络管理部门可与网络运营商沟通合作，探讨在高校区域内的精准网络供给管控（即对违规账号进行网络流量供给管制）。二是高校应结合自身特点，制定相应的自媒体管理办法。在形成校园网络传播制度规范的同时，深入开展互联网安全意识教育，充分借助官方自媒体传播渠道，第一时间发布权威信息，传播宣扬各种正能量，提高学生的互联网安全意识，引导其正确使用互联网，自觉抵制各种不良信息。

（四）强化意识形态安全教育

落实意识形态研判制度，持续推进意识形态系统工程。根据上级最新的文件精神，针对新形势、新情况，认真学习安全维稳工作的新内容和新要求，切实加强工作研判，牢牢把握政治安全底线。针对敌对势力的渗透活动，注重意识形态的安全教育，确立社会主义核心价值

观的核心地位。积极组建意识形态工作队伍,通过宣传、宣讲等途径,加强意识形态的安全教育,在实际工作中逐步营造良好的传播氛围,引导学生树立正确的价值观。依托思想政治课堂,在实际的教学活动中侧重对学生进行主流思想教育,促使主流思想进课堂,社会主义核心价值观进大脑,提高学生对不良思想(观念)的免疫能力。

（五）强化安全教育工作队伍,完善联动机制

针对安全教育工作队伍比较薄弱的问题,一是建议实施针对更多普通教师的安全知识培训计划,带动安全教育融入其他课程之中,努力实现安全教育"时时有存在,处处有提示";二是要发挥学生组织社团和学生党员的先进性示范作用,依托学生组织和先进分子,在日常的学习生活中身体力行,对其他同学形成有效的安全意识影响;三是要团结校内外关注安全教育的人士,包括学生家长和社会热心人士,通过家长的安全教育互动,形成家校互补格局,而社会热心人士普遍具有一定的社会地位,也具有相当的号召力,对校内外安全教育联动机制的构建也有良好的促进作用。

第二节　高校学生突发公共事件危机应对

一、用电危机应对

（一）触电急救措施

①当发现有人触电时,切不可惊慌失措,应设法尽快将触电人所接触的带电设备的开关或其他断路设备断开,使触电者脱离电源。迅速脱离电源是减轻伤害和救护触电者的关键和首要工作。

②当触电者安全脱离电源后,救护者要熟悉救护方法,一定要按照规定动作进行操作,只有动作准确,救治才会有效。

③抢救触电者一定要在现场或附近就地进行,千万不要长途护送到医院或本部门去进行抢救,这样会延误抢救,影响救治效果。

④救治要坚持不懈地进行,要有信心、耐心,不要因一时抢救无效而放弃抢救。

⑤救护者在救治他人的同时,要注意保护自己,例如,在触电者未脱离电源之前,救护者在尚未采取任何安全措施的情况下千万不能用手直接去拉触电人,防止发生救护者触电的事故。

⑥若触电人所处的位置较高,必须采取一定的安全措施,以防断电后触电者从高处摔下。

⑦救护时应保持头脑冷静清醒,应观察场地和周围环境,要分清是高压还是低压触电,以便做到忙而不乱,并采取相应的正确措施使触电者脱离电源而救护者又不致触电。

⑧夜间发生触电事故,为救护触电者而切除电源时,有时照明会同时失电,因此应考虑事故照明、应急灯等临时照明,以利救护。

（二）脱离电源

要根据触电现场的具体情况选择脱离电源的方法。

1. 脱离低压电源

使触电者脱离低压电源的主要方法有以下几种：

①切断电源。如果电源开关或者插座就在触电地点附近，救护者应迅速拉开开关或者拔掉插头等。

②割断电源线。如果电源开关或插座离触电地点很远，则可用带绝缘柄的电工钳或者用装有干燥木头手柄的利器，如剪刀、斧头等把电源侧的电线剪（砍）断。割断点最好选择在靠电源侧有支持物处，以防被砍断的电源线触及他人或救护者。

③挑、拉电源线。如果电线断落在触电人身上或压在触电人身下，并且电源开关又不在触电现场附近时，救护者可用干燥的木棍、竹竿、晾衣架等一切身边可能拿到的绝缘物把电线挑开，或用干燥的绝缘绳索套拉导线或触电者，使其脱离电源。

④拉开触电者。如果救护者身边什么工具也没有，在场救护者可戴上绝缘手套或用干燥的衣服、帽子、围巾等物把一只手缠包起来，去拉触电人的干燥衣服。当附近有干燥的木板、木凳时，即可站在其上去拉为更好（可增加绝缘）。但要注意：为使触电者与导电体解脱，救护者最好用一只手去拉，切勿碰触电者触电的金属物体或裸露身躯。

⑤采取相应措施救护。如果触电者紧握电线，则可设法用干木板塞到触电者身下，使其与地隔离，然后用绝缘钳或其他绝缘器具（如木柄剪刀、水果刀等）将电线剪（切）断，救护者在救护过程中也要尽可能站在干木板上或绝缘垫上。

2. 对症抢救

当触电者脱离电源以后，应根据触电者伤害的轻重程度，采取以下不同的急救措施。

①若触电者神志清醒，只是感到心慌、四肢发麻、全身无力或者虽然曾一度昏迷，但未失去知觉，这时就要使触电者就地安静舒适地躺下休息，让他慢慢恢复正常。在休息中，要注意观察其呼吸和脉搏的变化，这期间暂时不要让触电者站立或走动，以减轻心脏负担。

②若触电者神志不清，则应使他就地躺平，确保其呼吸道畅通，呼叫触电者或轻拍其肩部，判定其是否丧失意识，但禁止用摇动头部的办法呼叫。

③如果触电者神志的确丧失，则应及时进行呼吸、心跳情况的判断，采取的办法是看、听、试。看，即看触电者的胸部、腹部有无起伏动作（看看有无气流），方法是救护者的脸贴近触电者的嘴和鼻孔处，也可用一张薄纸片放在触电者的嘴和鼻孔上，查看有无呼吸（纸片动，则有呼吸；纸片不动，呼吸中断）。听，即用耳贴近触电者的口鼻处，听听有无呼气声音；用耳贴在触电者的胸部，听听心脏是否停止跳动。试，即用两手指轻试一侧（左或右）喉结旁凹陷处的颈动脉有无搏动，判断心跳情况。

④如果触电者已丧失意识且呼吸停止，但心脏或脉搏仍跳动，应采用口对口人工呼吸法抢救。

⑤如果触电者有呼吸，但心脏和脉搏停止跳动，应采用胸外心脏按压法进行抢救。

⑥如果触电者呼吸和心跳均已停止，则应立即按心肺复苏法支持生命的三项基本措施

就地进行抢救。

人工呼吸法和胸外心脏按压法是目前现场救护的主要方法,只要操作正确、坚持不懈,对于一般"假死"状态的触电者来说,救活的可能性还是比较大的。

在进行现场抢救的同时,还应尽快通知医务人员赶至现场急救,同时做好送往医院的准备工作。此外触电者虽经现场抢救已恢复正常返回家里,但仍要注意观察,以免再发生病变。

二、火灾事故应对

(一)火灾扑救的基本方法

燃烧必须同时具备三个条件:可燃物质、助燃物质和火源。灭火是为了破坏已经产生的燃烧条件,只要能去掉一个燃烧条件,火即可熄灭。根据这个基本道理,人们在灭火实践中总结出了以下几种基本方法:

1.隔离法

将着火的地方或物体与其周围的可燃物隔离或移开,燃烧就会因为缺少可燃物而停止。实际运用时,如将靠近火源的可燃、易燃、助燃的物品搬走;把着火的物件移到安全的地方;关闭电源、可燃气体或液体管道阀门,终止和减少可燃物质进入燃烧区域;拆除与燃烧着火物毗邻的易燃建筑物等。

2.窒息法

阻止空气流入燃烧区或用不燃烧的物质冲淡空气,使燃烧物得不到足够的氧气而熄灭。实际运用时,如用石棉毯、湿麻袋、湿棉被、湿毛巾被、黄沙、泡沫等不燃或难燃物质覆盖在燃烧物上;用水蒸气或二氧化碳等惰性气体灌注容器设备;封闭起火的建筑和设备门窗、孔洞等。

3.冷却法

将灭火剂直接喷射到燃烧物上,以降低燃烧物的温度,当燃烧物的温度降低到燃点以下时,燃烧就停止了;或者将灭火剂喷洒在火源附近的可燃物上,使其温度降低,防止辐射热影响而起火。冷却法是灭火的主要方法,主要用水和二氧化碳冷却降温。

4.抑制法

这种方法是用含氟、溴的化学灭火剂喷向火焰,让灭火剂参与到燃烧反应中去,使游离基链锁(俗称"燃烧链")反应中断,以达到灭火的目的。

以上方法在实用中可根据实际情况,采用一种或多种方法并用,以达到迅速灭火的目的。

(二)报警与自救

1.报警

《消防法》第四十四条规定:"任何人发现火灾都应当立即报警。任何单位、个人都应当无偿为报警提供便利,不得阻拦报警。严禁谎报火警。"报警是每个公民应尽的义务。"报警早,损失小",及时报警是起火后的首要行动之一,也是及时扑灭火灾的关键。

2.火场自救

一场火灾中,能否顺利逃离火场,与火势大小、起火时间、楼层高度以及建筑物内消防疏散通道的畅通、消防设施等因素有关。但主要还是与受害者的自救和互救能力,以及是否懂得逃生知识等因素有关。每个大学生都应掌握一定的逃生和自救知识,在火灾发生时,沉着冷静,选择有利时机、路线和方法逃出危险区域。如果惊慌失措,慌不择路,盲目冒险,就有可能酿成严重后果。

第三节　提升高校学生危机事件管理水平的对策

一、我国高校学生危机事件管理的现状

(一)我国高校学生危机事件管理的初步成果

社会的发展和改革开放,加速了高校的产业化和市场化,我国高校内外部生态环境发生了巨大变化,高校学生危机事件时有发生,并有频率逐步增加的趋势。经历了一些频繁发生的学生危机事件后,我国政府、高校和学术研究机构对高校学生危机事件的关注和研究逐渐兴盛,并取得了一定的成果。

1.高校管理层对学生危机事件管理工作的重要性认识不断提高

过去,高校一般是把主要精力放在教学科研上,对学生危机事件的态度往往是认为其发生纯属偶然,将危机事件发生后的干预处理当作危机管理的全部内容,并认为危机事件的处理是学校安全保卫部门的事情,重视程度尤为不足。随着经济社会的发展,学生对高校提出了更高的要求,不仅要求高校的教学科研水平高,而且要求校园安全、稳定、和谐。特别是从21世纪开始,全国各省相继启动"平安校园"建设工程,把高校危机管理作为一项重要的测评指标。危机管理的重要性得到各高校的普遍认同,大局意识和责任意识已基本形成,不再纯粹地将危机事件的处理看作是安全保卫部门的事情,而是正式提上了学校的重要议事日程。每年年初,高校"一把手"都会与各职能部门、分院签订安全稳定目标管理责任书,其中一般都会对高校学生危机事件管理的各项职责做出明确规定。在危机发生时,高校管理层基本上能够做到第一时间赶到现场指挥处置。

2.高校学生危机事件管理机制日益法制化和规范化

随着《国家突发公共事件总体应急预案》《中华人民共和国突发事件应对法》的颁布,以及政府相关部门一系列规范性文件的逐步实施,我国部分高校开始健全危机应急管理制度、危机管理队伍,制定相关预案,高校的内部危机管理机制日益法制化、规范化。目前,一些高校在预案体系建立的基础上已着手健全预案的种类,以期进一步加强体系的规范运作。通过百度搜索引擎,我们可以看到许多高校已经开始探索危机应急管理,制定应急预案。如《中国矿业大学(北京)突发公共事件应急预案》《宁波大学火灾事故应急预案》《西北农林科技大学学生心理危机应急处理预案》等。可以说,高校学生危机事件各项应急管理机制经历了从无到有、从探索到完善的过程,正在逐步实现危机管理的规范化、制度化。

3.高校学生危机事件管理初步落实到学生

随着高校学生危机事件管理理论和实践的不断深入,高校管理者认识到学生是危机事件的受害者或利益相关者,或多或少会受到危机事件的消极影响。因此,充分发挥学生的主观能动性,依靠学生的力量来化解危机势在必行。一些高校充分发挥学生干部、党员骨干的桥梁作用来进行宣传教育和信息传递。一些高校专门组建了学生信息员队伍,每个班有一名安全信息员,每个寝室有一名信息气象员,在学生组织中形成了二级网络,能及时上传下达,使学生能够主动参与、自我管理、自我预防,也使学校能及时掌握学生的思想动态。

(二)我国高校学生危机事件管理中存在问题的成因分析

1.危机管理理念有误区

(1)以人为本理念的缺失

近年来,高校面临着转型,高校的管理者把主要的精力放在学校规模扩张和重要项目建设上,淡化了人本管理范式。一些高校管理者在学生危机事件中往往把学生纳入非理性的、容易暴动的管理对象,忽视了学生的权利和权益,忽视了学生的个性和主体地位,在整个危机管理体系中没有让学生参与危机事件的预防工作。

(2)事前预防工作不到位

从众多高校学生危机事件来看,事前预防工作不到位是危机发生的关键因素。

实际上,许多高校学生危机事件是可以事先预防的,比如由高校教学管理、后勤管理不当引起的学生危机事件以及校园交通事故、食物中毒等。目前,我国高校普遍存在的现象是把主要精力放在"事后紧急处置"上,对于事前预防往往不予重视。有些高校虽也采取了预防措施,定期对校园隐患进行排查,但研判分析、预测控制和整改落实往往不到位。有些高校虽也制定了相应的危机事件处置应急预案,但缺少预案演练和进一步的改进。

2.危机教育培训不到位

(1)危机意识教育不到位

危机意识是危机预防的起点。开展危机意识教育,培养高校学生强烈的危机意识,这样可以有效减少危机事件发生的可能性。目前的实际情况是,大多数高校忽视对学生进行危机意识教育,这种忽视导致多数学生在危机中表现得不知所措,不能自救。

(2)危机应对培训不到位

许多高校在平时开展安全知识教育,但很少开展危机实战演习训练。如果真正发生火灾、中毒等事件,学生就会恐慌,以至于不知道如何运用所学的危机常识进行逃生、自救和他救。

3.危机管理体系不完善

危机管理理论认为:一个相对完善的危机管理体系应包括危机管理的组织机构、危机决策机制、危机沟通机制、危机控制机制和危机恢复机制。据了解,国外设有专门培养社会危机管理人才的专业。美国的危机处理体系和快速反应机制在人员救助、恢复正常生活秩序中起到了关键作用。目前,我国政府危机管理正在逐步建立制度化、系统化的危机应对机制,但我国高校危机管理的研究处于起步阶段,缺乏制度化、系统化的危机应对机制。当前,各高校危机事件管理组织多为各行政职能部门的负责人组成的危机领导小组,并非常设机构,没有或很少有专家队伍或顾问组织的参加。这些非常设的领导小组或管理组织虽然可以应付学校内小规模的灾害事故,但难以应对严重和规模大的危机,这对于实施持续有效的高校危机管理而言存在着先天不足:一是非常设机构在工作内容和人员构成上不具有延续性,对危机管理的经验和教训不能有效开展研究,无法阶段性完善相应的预案和措施;二是应对危机需要学校内外各个机构的紧密协作,非常设机构的这种协调往往需要耗费大量的精力,而结果却往往错失良好的应对时机;三是非常设机构没有建立相应的危机培训和教育机制,难以形成一套成熟的危机应对操作方案并付诸实践,往往是临时性组织和协调,办事效率一般较低;四是非常设机构一般缺乏规范的制度保障和有效的法律支撑,没有专人去负责相应辅助工作的开展,对于危机应对所采取的紧急措施的合法性将直接影响到危机应对措施的有效性。同时,由于没有常设性的危机事件综合协调与决策机构及专门的职能机构,对于高校在危机事件状态下的整合能力与应对能力提出了更大的挑战,结果往往事倍功半。

4.危机管理立法不健全

(1)缺乏统一的、专门的立法

目前,我国没有出台一部专门预防和处理高校学生危机事件的法律法规,所以,当危机事件发生以后,只能依据其他相关的法律规范来指导工作,但这些法律法规的规定内容往往不一致,容易造成适用上的混乱。尽管2002年9月教育部颁布了《学生伤害事故处理办法》,但其仅是部门规章,缺乏法律的权威性和统一性,不能被用作法律依据来处理危机事件。

(2)权利、义务不明晰

由于我国在高校学生危机事件管理领域没有统一的法律条款,对危机涉及的各方权利和义务没有明确的立法规定,即便是民法典和刑法也没有对学生危机事件的责任承担问题做出明确、一致的规定。比如,学校发生自然灾害、群体冲突、游行示威等危机事件时,学校、学生及相关责任人应该各自承担什么责任;对危机事件造成损失的,各方应该通过什么途径弥补等问题,在现有的法律规范上都还没有定论。

二、我国高校学生危机事件管理水平提升的主要对策

(一)树立科学的高校学生危机事件管理理念

随着社会的深刻变化,近几年来高校学生危机事件也越来越多样化、复杂化,以往的被动应对、事后补救的管理理念已经无法适应新的现实要求。高校管理者以及政府应转变思想观念,树立科学的危机管理理念。

1.以人为本,服务至上

在高校学生危机事件管理中体现以人为本的理念,就是要确立凡事以学生为先、以学生为重的原则,要把保障学生的生命安全作为危机管理的首要任务。

如何在高校学生危机事件管理中体现以人为本?

（1）要尊重学生

要承认学生的独立人格和个性，尊重学生的合法权利和正当选择，对学生的诉求要做出积极的回应。而在当前，发生高校学生危机事件时，高校的管理者第一反应往往是"学生怎么可以这样做"，充满着对学生的抱怨，而不是从"学生为什么这样做"来反省自身的问题，这是对学生的极不尊重。高校管理者若持有这种心态来处理危机事件，势必导致矛盾的激化，促使危机事件进一步恶化。

（2）要服务学生

高校学生危机事件管理要以学生的根本利益为出发点和最终归宿，不能习惯性地把学生当作管理的对象，而是要树立为学生服务的意识，把服务学生的理念渗透到学生工作管理的每一个细节，时刻心系学生，从学生的切身利益出发，为学生提供切实的帮助。

（3）要依靠学生

学生是危机事件的受害者或是利益相关者，高校管理者若能与学生密切配合，便能充分发挥学生的力量来化解危机。为此，高校管理者必须秉承尊重学生、服务学生的理念，发挥学生干部、党员骨干的信息桥梁作用、榜样作用，向危机中的学生时时通报危机处理相关信息，稳定学生的情绪。

2. 未雨绸缪，预防为先

做好危机预防工作，便能在危机事件发生时迅速采取措施，及时有效地规避、转移风险，使危机的风险降到最低限度。如果没有预防，高校学生危机事件可能会由一个危机引发更多、更大的次生危机。我们所说的预防为先，并不要求我们一定要将危机事件完全消灭在危机事件发生之前，对于有些无法防止的危机事件，采取预防措施使其损失减轻至最低程度，同样是危机预防。因此，我们树立预防为先的管理理念，意味着两层含义：一是充分利用预测、预警、预控等手段，来防止危机事件的发生，即把传统的事后型高校学生危机管理模式变为预防型；二是对无法防止的危机事件，我们要通过采取预防措施，使损失减轻到最低程度。

3. 资讯公开，信息对称

在危机事件发生前，如果高校管理者隐瞒一些事实的真相，就会造成学生思想上的麻痹，无法及时预知身边潜在的危险，无法采取有效的防范措施进行预防，因而很容易成为危机事件的受害者。在危机事件发生后，高校管理者试图通过封锁消息来平息事件，结果往往适得其反。因此，随时保持信息的公开、透明，有助于有效防范危机、处理危机。我国的高校管理者在危机事件管理过程中应该借鉴其他国家先进的做法，认识信息公开的重要性，并重视信息公开的实施。

（二）加强高校学生应对危机的教育培训

高校对学生的危机教育包括危机意识教育、危机预防知识教育和危机应对技能教育。危机意识教育旨在引导学生正确评估周围环境的危险性，提高危机警觉性。危机预防知识教育和危机应对技能教育，则是为了普及各类危机相关知识，并传授各种应对危机的基本知识和技能。这三个方面的教育相辅相成，缺一不可。通过危机教育，学生能够主动分析发生危机的可能性,并寻求化解的方法和策略。

1.增强高校学生公共危机意识

俗话说:"居安思危,思则有备,有备无患。"危机在我们身边无时不在、无处不在,只有我们树立危机意识,时刻保持警惕,用科学的分析方法来把握危机信息,才能做到预防危机,将危机的破坏力降到最低。

帮助学生树立危机意识,主要要做到以下两点:

(1)通过教育,帮助学生认识危机

高校要从加强教育入手,通过举办专题讲座、宣传展板以及广播、网络、手机短信等平台,告诉学生什么是危机,危机有什么特性,哪些因素会导致危机的产生等。要给学生界定一个较为清晰的危机范围,搜集资料,根据以往发生的与学生密切相关的危机事件,形成案例,并按类型分类,提高学生认识危机的敏锐度。

(2)通过教育,提高学生应对危机的心理承受力

危机不可避免,但危机是可以预防的。我们要提高学生应对危机的心理承受能力,就要培养学生良好的心理素质,引导学生保持积极向上、乐观开朗的健康心态,遇到危机时,在短暂的恐惧、惊慌、忙乱等正常的反应过后,就要立即恢复冷静,用所学的知识正确应对危机。

2.普及高校学生危机预防知识

在帮助学生认识了什么是危机之后,我们还需教育学生了解不同危机发生的原因、发展的规律、救助的常识。特别是对于身边经常性发生的危机,如火灾、地震、意外伤害事故等。高校最好能从自身实际出发,编制一本《危机应急手册》发放给每个学生,并能组织相关师资队伍对学生进行专门的培训,让学生清晰地知道遇到不同危机时应采取何种方式去自救和他救。学生如果平时就熟悉《危机应急手册》所教的方法,一旦遇到危机,就能按照手册中提供的方法及时进行处理,避免了因盲目处理和心理恐慌所造成的错误应对。

3.培养高校学生危机应对能力

(1)加强实战演练

学生虽然具备了相关的危机应急知识,但如果没有切身经历,是无法检验知识的实用性和有效性的。如果等到真正的危机降临时才去检验所掌握的知识是否适用,无疑过于冒险。因此,高校必须针对不同危机的特点,模拟事件场景,制订相应的演练计划,定期、反复地组织学生实战演练。只有通过不断地演练,才能使所学的应急知识深入人心,真正做到熟能生巧,有备无患。

(2)加强心理健康教育

高校要注重学生的心理健康,运用科学的知识和技术手段,针对高校不同学生群体的危机承受能力,制定一套普遍适用的心理干预方法。一方面,高校要加强辅导员、班主任以及其他教师的心理健康教育,使他们掌握一定的心理健康知识和具备一定的识别心理问题的能力,以便在日常与学生的接触中,能及时发现问题。另一方面,高校要通过举办心理健康专题讲座、开设心理健康辅导课程等方式,对高校学生进行有针对性的心理健康辅导,增强

学生的危机承受能力,在危机爆发的时候,能冷静、沉着地应对。

（3）加强救护知识与技能培训

在这方面,中国矿业大学（北京）的做法值得借鉴。中国矿业大学（北京）非常重视学生救护知识和技能培养,定期邀请专业团队进校,通过现场仿真模拟,帮助学生了解掌握自救互救、灾难逃生、突发事件应对等知识和技能。特别注重心肺复苏技术,止血、包扎、固定、搬运四项创伤救护技术。对什么样的伤员可以心肺复苏、什么样的伤员必须平躺救治、什么样的伤员不能随意挪动等,诸如此类在危机事件中常见的情境进行反复模拟训练,确保每个学生都能掌握急救要领。此外,学校每年还举办救护技能大赛,鼓励学生积极学习救护知识,奖励学得好的学生。学生掌握了该项技能,当遇到需要紧急救助的人员时就能挺身而出。

（三）健全高校学生危机事件管理体制

1.建立高校学生危机事件管理机构

建立高校学生危机事件管理机构,是做好危机管理的组织保证,是高校学生危机事件管理有序进行的基本前提。

高校学生危机事件管理机构的建立要根据高校自身的需要,从现有党政机构的实际出发,根据党政机构的职能划分,结合危机事件事前、事中、事后管理工作的不同要求来设置相关机构。对高校危机事件管理机构的设置建议如下:

首先,应对高校学生危机事件必须建立集中统一、坚强有力的指挥机构,形成集中领导、统一指挥、责任明确、信息畅通、反应迅速、运转高效的指挥决策核心。

其次,建立以高校党委、行政主管领导为主要责任人,由各单位、部门相关人员参加的信息与预警管理队伍、处置实施队伍、法律咨询队伍、善后处理评估队伍和资源保障队伍,具体落实危机事件不同阶段的各项工作。

最后,加强与教育、公安、综治等外部力量的互动,形成以学校为主、与辖区政府机关部门等周边力量协调配合的内外联动机制。

为了在危机事件爆发时,相关人员能够快速就位、各司其职、及时有效地应对危机,高校在组建危机事件领导小组时必须同时建立校级领导小组和二级学院领导小组。校级危机管理领导小组,可由校党委书记、校长担任组长,副书记、副院长担任副组长,各职能部门、二级学院的主要负责人为成员。校级危机管理领导小组应成为高校的一个常态非编制组织,办公室可以设在学校党委办公室,由校党委办公室主任兼任校级危机管理领导小组办公室主任。各分院应当参照校级危机管理领导小组设立二级危机管理领导小组,由分院党总支书记、院长担任组长,副书记、副院长担任副组长,成员应包括辅导员、班主任、学生干部、学生党员等。

除了要建立高校学生危机事件的组织机构,各级危机管理领导小组应该定期召开会议,分析研判校园内外可能发生的高校学生危机事件,探讨制订危机管理计划。危机爆发后,能立即启动危机应急预案,成立以校危机管理领导小组为首的指挥决策系统,作为危机事件处置的领导核心,负责指挥、协调危机事件的紧急应对。

2.明确高校学生危机事件管理责任

我们在构建高校学生危机事件应急指挥决策系统时,一定要按照"分级管理、属地管理"的原则,形成"纵向到底、横向到边"的组织格局。各个机构各司其职、协调合作,只有这样才能以最快的速度、最高效的工作,最理想地处置危机事件。

（1）校危机管理领导小组

校危机管理领导小组的主要职责是全面负责学校各类危机的管理,研究确定危机管理工作的重大决策和指导意见,在发生危机事件时,决定是否启动危机应急预案,并组织指挥。

（2）分院二级危机管理小组

分院二级危机管理小组的主要职责是在校危机管理领导小组及危机管理办公室的领导下,在本单位职责范围内开展危机事件管理的各项工作。同时,积极配合校危机管理领导小组及危机管理办公室,做好校内其他危机事件的预防和处理工作。

（3）危机管理办公室

危机管理办公室的主要职责是在学校危机管理领导小组的领导指挥下,开展危机管理各项日常工作,如制定完善危机应急预案,发放文件,安排会议,沟通上下级信息,监督协调学校各单位、部门做好危机预防和处理工作。

3.培育高校学生危机事件自治组织

高校的学生工作部门、团委可以积极调动学生会、社团的力量,组建一支以朝气蓬勃、富有强烈的集体主义和正义感的师生为主的高校学生危机事件处置志愿者队伍,作为危机应急处置专业队伍的有机组成部分。其主要职能是做好危机事件处理中学校与师生的信息沟通,及时传达学校危机事件处置的最新情况;掌握师生的思想动态,及时上报信息,并协助学校危机管理部门做好安抚和稳定师生情绪的工作。

（四）完善高校学生危机事件管理机制

所谓高校学生危机事件管理机制,是指高校学生危机事件管理机构履行职能时所遵循的路径和程序,是一项系统的、动态的管理活动。在面对频频发生的高校学生危机事件时,高校的管理者应在分析和总结危机发展的阶段性和规律性的特点上,建立起一套科学的、高效的危机管理运行机制,并不断地加以完善。

1.完善危机预警机制

危机预警是整个危机管理过程中的第一个阶段,目的是有效地预防和避免危机事件的发生。如果能够在危机事件爆发之前就把危机产生的根源消除,就能有效保障社会秩序,也能节约大量的人力、物力和财力。因此在某种程度上,危机的预防比单纯地某一特定危机事件的解决更为重要。

高校学生危机事件预警机制通过对当前国际国内社会环境运行状态进行分析,对涉及高校学生的不稳定因素进行风险评估,对各类潜在的威胁、危害进行预防和警示,并通过分析和判断各种影响因素综合发挥作用的状况及各要素自身运行的状况等,制定针对性较强的措施。由此可见,高校学生危机事件预警机制具有时效性、全方位、立体化、多层次的特

点。要加强与完善预警机制建设,就必须从其特点入手,做好以下几方面的工作:

(1)搭建完善的信息网络平台

所谓完善的信息网络平台是指软硬件设施齐全、专项经费到位、人员配置合理的系统工程。要建立多层次的信息员系统,即各单位、部门要有一个组织能力较强、水平较高的信息员,以便能准确获取教职员工热议的问题;各个班级要有一个安全信息员,负责搜集学生群体中因学习压力、生活压力、心理压力、就业压力等而产生的潜在的危机信息,起到上传下达的信息桥梁作用;各个寝室要有一个信息气象员,对寝室成员的思想动态有一个全天候的把握,发现问题能及时上报班级信息员。同时,学校要经常性地对各类信息员进行专业培训,特别是利用互联网等科技手段开拓信息渠道的培训。学校要对信息员搜集的各类信息进行合理分析,必要时要召集各单位、部门负责人进行分析研判,并跟踪调查。

(2)制定危机事件应急预案

要针对不同类型的高校学生危机事件制定详细的、操作性强的预案。预案的主要内容应包括预案适用的情况,危机事件管理的原则,危机事件预防措施、组成机构及其分工和权责、负责人以及具体做法,解决危机事件的程序和方法、恢复和重建计划,危机事件管理需要的物资、人员和资金预算,相关奖惩措施等。

(3)加强预案演练

平时需要加强对不同预案的演练,用以加强师生对危机事件的预防和心理承受能力。演练要侧重于基本知识和技能的训练,主要包括危机来了如何沟通信息、如何逃生自救和互救,特别要加强对学生的灾害防范和逃生技巧的演练。

(4)加强与学生家长的信息沟通

学生工作部门要对每个学生建立一个家庭信息档案。辅导员、班主任在学生入学的第一天,要将自己的电话、微信、微博等联络方式告知学生家长,并主动与学生家长取得经常性的联系。特别是对有危机征兆的学生,学校要及时与学生家长沟通,并协商取得合适的方式来控制或化解潜在的危机。

2.完善决策机制

在高校学生危机事件爆发初期,及时、准确地做出决策至关重要,这直接决定了危机事件管理的成败。完善的决策机制应该能适应危机管理和决策的实际需要,做到迅速有序、精确科学、规范灵活、协调统一、责任明确等。但在危机状态下,事态发展形势相当严峻,危机决策者在短时间内又无法充分掌握信息,可利用的资源也较为有限,因此,要快速、准确地制定危机决策,就必须遵循以下几个原则:

(1)权力集中原则

在危机状态下,危机决策者面临的形势严峻,需要在极短的时间内动员最大量的资源和力量,需要全校师生齐心协力共同应对危机。同时,为了克服权力集中容易导致的滥用和腐败,在非危机状态下,要通过制定制度的形式对危机状态下决策权力集中的程度、权力的行使以及权力制衡做出明确的规定。

（2）结果优先原则

决策目的是要解决目前所面临的问题,把危机造成的危害性影响控制在最小范围内。所以,在危机状态下,危机决策者应该以结果优先为原则,在决策过程中把决策预计能带来的结果作为最重要的因素来考虑。

（3）短期目标优先原则

在危机状态下,由于事态紧急,信息不完备,往往很难在短时间内对问题的前因后果做全面深入的分析,因而也找不到一条能从根本上解决问题的万全之策。这个时候最重要的是要避免事态的进一步恶化,找到引发危机的直接原因和可能导致危机恶化的因素后采取相应对策,而不是急于去寻找导致危机的根本原因。所以,危机决策者在危机事件爆发初期,应该在不损害学校长远利益的前提下,优先实现短期目标。

3.完善控制机制

高校学生危机事件控制机制,主要是在高校学生危机事件发展中,解决引起危机事件的或因危机事件引发的各种问题。在此过程中,若管理疏漏,或采取的应对措施不当,都有可能引起危机事件的进一步恶化,甚至引发范围更广、层次更深、更复杂的次生危机。为了稳定危机事态,逐步解决危机事件,高校管理者要不断完善危机控制机制,重点做好以下工作:

（1）制定危机事件处理方案

高校学生危机事件爆发后,高校的管理者要在极短的时间内,尽可能全面地掌握危机事件的相关信息,深入分析危机产生的原因、可能造成的后果以及解决危机的方式,找准控制危机事件发展的要点,制定科学、可行的危机事件处理方案。

（2）危机管理各职能小组各司其职、密切配合

在处理高校学生危机事件的过程中,这样那样的复杂问题需要迫切地得到解决,这就需要危机管理的各个职能小组按照危机事件处理方案的统一指引,各司其职、分工负责、密切配合,这样才能有效管理和处置危机事件。

（3）有序开展危机事件处置工作

危机管理各相关人员在处理危机事件的过程中都应进入紧急工作状态,遵循事先制定的危机事件应急处置要求,有规律地开展工作,日常的工作安排、工作流程都应暂时让位于危机事件的管理与控制工作。

（4）加强舆论引导,控制危机事件

信息管理职能小组在危机事件处理过程中要高度关注学生群体、社会大众以及媒体的反应,及时收集各类信息,为危机管理领导小组做出正确决策提供信息保障。同时,信息管理职能小组要在领导小组的统一指挥下,积极主动地与媒体取得联系,及时公布危机处置进展,正面引导社会舆论,有效控制危机。

4.完善恢复机制

（1）重视非直接创伤者群体的心理恢复

在高校学生危机事件发生之后,高校的心理危机干预机构不仅要对在危机事件中受伤

害的学生开展心理辅导,缓解他们的心理压力,调节不良的心理情绪,还要关注受害人之外的其他学生群体的心理变化。

对于非直接创伤者的心理干预,高校可以通过开设大规模的心理讲座、爱心关怀活动等,让专业的心理教师来开导学生,让学生与学生之间相互交流、相互关心,让心理恐慌的同学找到倾诉和依靠的对象,淡化危机事件遗留的心理阴影,减轻危机事件带来的恐慌。在这一大规模的心理恢复工作中,高校还可邀请学生家长共同参与,教师和家长共同的交流与疏导,能更好地对学生的心理问题进行调节。

(2)重视高校形象的恢复

危机过后,高校除要对损坏的建筑、设施设备进行修复之外,更要对高校的社会形象和名誉的恢复方面的工作引起重视。在恢复阶段,高校一定要寻求并把握机会,努力将目前的危机变成学校发展的契机。如果危机事件的发生责任在于高校,对外,高校应该想办法主动联系媒体,发挥媒体的力量,向社会公众承认错误并给予合理的解释,让社会公众体会到高校的诚意;对内,高校管理者要组织各部门查找不足,完善高校的管理机制,建立起完善的学生管理体系,将危机事件中暴露出来的隐患问题作为高校今后发展工作的重点攻坚项目,将危机变为机遇。另外,高校要向社会大众展现学校在整个危机事件处理过程中所做出的努力,并不定期地向媒体和社会报道危机事件处理的进展,特别是对社会大众比较关注的如何安置受害学生、如何做好校内稳定等工作,一定要向社会做一个详细的介绍,使社会感知到高校在校园危机发生后的责任感,这样的良性感知必然会冲淡之前的负面影响,扭转众人对高校的不良印象。在危机过后的较长一段时间内,高校还可通过媒体报道学校取得的教学和科研成果以及学校近期所做的公益活动,从而重新树立学校的声誉和形象,真正做好危机发生后的恢复工作。

5.完善信息沟通机制

在面对危机时,如果选择"内外有别、内紧外松"的宣传策略,可以在一定时间内防止危害信息给校园、社会带来不必要的恐慌。但信息传媒飞快发展的今天,如果高校不及时、客观地发布权威信息,就可能出现小道消息、各种主观臆测,甚至是恶意编造虚假信息大肆传播的局面,阻碍危机管理局面的有效控制。因此,一旦高校学生危机事件发生,高校的管理者必须与危机事件的利益相关者和社会媒体及时建立良好的沟通,积极主动地争取理解和支持,引导社会舆论促进危机事件的解决。

(1)要加强校内外各相关部门的信息沟通

参与危机事件处理的校内各单位、部门要加强联系,特别是在危机事件处理工作第一线的管理人员要及时向学校危机事件决策指挥小组汇报动态信息。危机事件信息管理小组要及时汇总危机处理情况,上报教育、公安等上级主管部门,争取上级部门的支持。对涉及社会稳定的危机事件,要及时与政府维稳部门取得联系,防患于未然。

(2)要加强与学生的信息沟通

一方面,在日常的工作中要加强与学生的沟通,以便于提早发现潜伏的危机,做好危机事件预防工作,或将危机消除在萌芽状态。另一方面,危机事件爆发后,要尊重学生群体的知情权,主动与他们取得联系,并在最短的时间内选择恰当的时机向他们公布危机处理的情况。

（3）要增进与学生家长的信息沟通

危机发生前,与家长的沟通,有助于学校了解学生家庭情况,掌握学生的性格特征、思想动向等基本信息,也有助于家长了解学生在校的情况。通过双方的沟通,能有效地避免危机的发生。即便发生危机,学校也能立即与学生家长取得联系,通过双方努力,最大限度地减小危机可能带来的负面影响。对于在危机中受伤或遇难的学生,学校需要给予更多的关心和安慰,及时向家长通报危机处理情况,积极回应家长提出的合理要求,对家长提出的不合理要求,也能耐心地进行解释,争取获得家长的理解。

（4）要善于借助新闻媒体的力量引导社会舆论导向

如果高校管理者不注重与新闻媒体的沟通,不主动与新闻媒体建立沟通,就会失去掌控新闻舆论阵地的机会,陷入被动回应的境地,甚至被消极地报道,损害高校形象。因此,高校管理者应该勇敢地面对新闻媒体,以真诚的态度尽量回答媒体记者提出的问题,争取获得媒体记者的认同,必要时可以主动补充最新情况及目前处理情形等,帮助媒体记者充实版面,这样可以避免因杜撰或臆测引起外界的误解。

（5）要加强校园网、互联网的信息管理

高校学生善于利用校园网络、微信、微博等互联网进行信息沟通,使得网络信息传播成为高校学生群体中传播速度最快、影响范围最广、影响程度最深的媒介。在危机事件的处理中,高校的管理者要注意网络信息的搜集、信息监管以及正面引导。

6.完善绩效评估机制

（1）要明确参与评估的人员

从目前来看,我国高校对学生危机事件管理的绩效评估往往局限于高校内部,或者上级主管部门的评估,虽然评估人员在评估过程中比较熟悉内情,但容易受主观因素、人情因素的影响,不利于评估结果的全面性、客观性、公正性和准确性。因此,除了内部评估与上级部门评估外,为了更好地完善危机管理机制,我们在做评估时,还需要有专家的意见和公众的意见。我们需要邀请不同领域的专家（包括危机管理理论专家、危机处理专家）,通过匿名的方式请专家对评估项目发表意见。我们还可以有代表性地选择学生、学生家长以及相关社会群体,采用调查问卷、电话访谈、座谈会的方式征求他们对学校危机管理工作的意见。

（2）要完善评估内容

高校学生危机事件管理绩效评估一般是在危机解除之后进行的,但这并不表示我们只对危机事件处理结果进行评估。我们需要明确的是:危机管理绩效评估是对危机管理的所有环节进行检测、评估。可综合国内外学者对高校学生危机事件管理提出的管理模式,根据危机管理事前、事中、事后的三个阶段以及不同阶段所采取的危机管理措施,来对高校学生危机事件管理进行绩效评估。

（3）要量化评估指标

将指标体系划分不同等级,分别量化。在考虑量化指标体系的时候,我们应该对高校学生危机事件管理的事前、事中、事后三大管理体系进行全面衡量。事前管理是危机的预防阶段,是基础;事中管理是危机的应对阶段,是核心;事后管理是危机的恢复阶段,是高层次的追求。

(五)加强高校学生危机事件管理法治建设

1.加强高校学生危机事件管理立法

面对如此高发的高校学生危机事件,我们首先应该在高校学生危机事件管理领域制定一部统一的法律,为我国高校学生危机事件的管理提供法律依据和法律保障。即便不对高校学生危机事件的管理单独立法,也可参照美国、瑞典等国家的《校园安全法》对高校校园危机管理进行立法。法律的制定必须跟国内的政治、经济、社会发展相适应。随着我国高校教育事业的长足发展,我国应及时修订现有高校教育法律中存在的不适应之处,理顺国家、高校、学生之间的相互关系,规范各主体的权利和义务,增加高校管理中的程序性规定,增强操作性。特别要针对不同类型的危机事件明确权利和责任,以及对责任方的惩处措施,让高校学生危机事件管理程序化、法制化。同时由于时代不同,高校也出现了一些新情况,学生危机事件有了新的特点,我国立法机关必须将制定高校学生危机事件管理的法律提到日程上来,解决法律滞后性的问题。只有制定专门的法律,才能形成从宪法、法律法规、部门规章、高校规章依次排列的、效力等级由高到低的、相互衔接的、完整的高校法律体系。

2.完善高校学生危机事件管理问责制

由于高校学生危机事件具有不确定性、群体性等特点,因此在有法可依的大前提下,必须明确高校学生危机事件管理的法律责任。例如高校作为管理方,在大学生危机事件发生前负有预防义务,在平时的工作中,应该履行一些具体的管理职能、管理责任、相应的机构设置及其权力的内容;危机事件发生后,高校负有劝阻或制止、及时通报、应急处理的义务。至于高校学生以及教职工,在危机事件中的主要义务是遵守校纪校规,发现危机事件及时向班主任、辅导员或校方反映,服从高校的管理,不造谣生事,不损坏校园财物,不伤害他人人身安全等,通过申诉、批评、建议、控告等正当途径维护自己的合法权益,正确行使法律赋予的权利。对那些因不履行职责而造成一定后果的责任部门和责任人,要追究其法律责任。只有让法律有效约束危机发生的全过程,以立法来保护危机事件的各方关系人,明确社会、政府、高校以及学生本人各自的权利和义务,才能真正利用法律的武器解决发生在高校学生群体中的危机问题,真正保障全校师生的人身和财产安全。

第七章 高校学生奖励与资助工作

第一节 高校学生奖励制度概述

一、高校大学生奖励制度基本特点

奖励制度是激励机制中最为基本和主要的形式,是以素质教育为基础,围绕服务大学生为中心,通过行之有效的教育管理引导手段,实现国家高校教育培养目标的战略计划。高校大学生奖励制度即高校中的教育管理者运用各种刺激手段,满足学生的心理需求,继而激发学生的主动性、积极性和创造性,使之形成内在动力,引导学生按照国家教育高等人才的方针政策和高校培养人才的期望目标前进的教育管理制度。高校大学生奖励制度是提高大学生思想政治教育和管理工作效果的一种有效的体系和制度,其本质就是使高校大学生由被动变为主动地按照国家教育方针政策进行个体塑造。对于奖励制度来讲,高校大学生奖励制度有其自身的特点。大学生是特殊群体,在高校大学生奖励制度的运行过程中,势必呈现出自身的特点。

(一)从时间上表现为持续性

高校大学生奖励制度具有持续性。高校大学生奖励制度具有效能持续的特点,从受奖励个体的优异表现得到奖评认可起,受奖励个体的内心积极性和满足感会达到顶点,通常这种荣誉会使受奖励个体为证明自身的榜样价值而再接再厉,根据个体差异,这种效果会一直持续或是逐渐减弱。而在一般情况下,受奖励个体会以同等或更高标准来衡量个体本身,追随或超越个体的优秀表现,甚至当荣誉被替换时,也会以身作则,不辜负曾经的认可,以此来证明个体的榜样价值,为此后保持荣誉和再次被奖励做出最主动、最积极的竞争姿态。

(二)从广度上表现为辐射性

高校大学生奖励制度具有辐射性。高校大学生奖励制度具有辐射性的特点,主要表现在两个方面:其一,受奖励个体自身由点奖励辐射为线奖励的期望值增高。一个方面受到了奖励,个体会希望不仅仅受到单一方面奖励,还会对多重奖励产生期许,会产生一种不仅在这方面表现优秀,其他方面也要树立榜样的效应,继而增加受奖励个体的积极性。其二,我们应该肯定的是,受奖励个体在群体中无限的榜样力量,会带动一部分人的积极性。奖励一小部分人,鼓舞一大部分人,刺激学生的竞争和渴望心理,从而大大地增加群体的主动性和效仿性,增加奖励制度的效能,从而有力地推进全面人才培养目标,这也与我国素质教育培养高等人才的方针政策相吻合。

(三)从主体上表现为权威性

高校大学生奖励制度具有权威性,这是由实现奖励工作的必然条件所决定的。高校奖励制度之所以具备权威性,是由大学权威性牵引的。大学是在一定的历史和社会背景下,凭借国家、社会赋予的教育权力产生的,而高校权威则是教育得以实现的基础和保障,它是影响和改变大学生心理、行为的一种支配力量。其实无论哪一种奖励,国家政策性的、学校自发行为、企业或是社会组织,对于高校大学生来说都具有权威性,使之对结果不容易产生怀疑,同时会对受奖励者带来足够的心理需求。

(四)从目的上表现为能动性

高校大学生奖励制度具有能动性。高校大学生奖励制度的培养对象即大学生,高校教育与非高校教育的教育方式的不同就在于由传统的言传身教模式逐渐向自学转变。独立探索、独立钻研成就人才,高校的教学任务则更偏向引导。这就要求大学生在大学学习生活期间要高度发挥个人的主观能动性,而高校大学生奖励制度最大的特点恰恰是充分调动学生的能动性,提高大学生自我认知和自我改造能力,是挖掘大学生自主学习、自主创新、自我完善的主要机制。通过科学的竞争机制,大学生的内在潜力得以发挥,主观能动性被调动,这有利于实现高校引导管理的根本目的。

(五)从效能上表现为流动性

高校奖励制度具有流动性,这是由奖励制度的效能决定的。奖励制度的机制运行,会在高校中形成你追我赶的竞争局面,同时借助高校奖励制度这个平台,发挥每一个学生各方面的优势,使他们积极参与,共同推进高校工作的快速稳定发展,为学校教育教学工作和广大学生全面发展服务。所以,奖励的对象不可能也不会是恒定的,学生要想使流动的奖励对象变得固定化,势必要加倍努力,奖励必定会在更为突出的个体中实现。这就与奖励制度的目标相一致,奖励制度的流动性是在奖励制度公开、公平、公正的原则上实现的。

二、高校大学生奖励制度的分类

高校奖励制度按照其自身性质和特点有其分类。剖开奖励制度的外表,全方位分析归纳奖励制度的内核,以分析和把握大学生的需求,更好地推进奖励制度改进,完善奖励制度设立环节和评定结果。

(一)纵向上分为物质奖励和精神奖励

根据奖励的方式、载体,从纵向来看,高校奖励制度分为物质奖励和精神奖励两种。这也是奖励制度的一般分类形式。物质奖励,即能够满足人的生理需要的奖励,包括奖金、奖品等。精神奖励,即能够满足人的心理需要的奖励,包括奖章、奖状、嘉奖等。物质奖励和精神奖励是高校奖励制度的两种基本分类,也是高校教育者关于学生思想工作的基本方法,必须正确理解和把握这两种激励方法。马克思主义认为,人的需要是驱使人从事劳动创造活动的最终动因。而奖励的目的就是要肯定人们的正确行为,满足人们的需要,这样才能调动人们行为的最大积极性。由于人是物质和精神两者的统一体,人们所产生的需要既有物质方面的内容,也有精神方面的内容,所以可以说各种各样的需求也无外乎物质需求和精神需求两种,正因为如此,奖励分为物质奖励和精神奖励。物质奖励和精神奖励是辩证的、对立统一的关系,物质奖励是精神奖励的物化,精神奖励是物质奖励的升华,二者相辅相成,缺一不可。物质奖励中包含着精神奖励,精神奖励也离不开物质奖励。单讲物质奖励不讲精神奖励,有可能暗示人们放弃精神追求,从而形成物化主义、急功近利的风气;但如果只注重精神奖励,而不注重物质奖励,则又可能引导人们纸上谈兵、不务实际。因此,在实际工作中应该把物质奖励和精神奖励合二为一地看待,用一方面肯定另一方面,用一种形式肯定另一种形式,力争用辩证唯物主义观点,实事求是地对待物质奖励和精神奖励。

(二)横向上分为多元奖励

根据奖励的结构、需求,从横向上来看,高校奖励制度可以分为个人奖励、集体奖励、学习奖励、精神文明奖励、艺体奖励、卫生奖励、贫困学生奖励、校级奖励、社会奖励、省市级奖励、国家奖励、跨国奖励、全面奖励及特殊奖励等。各种横向奖励是遵循国家高校教育政策的方针和原则,并结合和发扬自身学校特点所决定和设立的。高校思想教育者不仅要重视国家级奖励和学术奖励,也要重视基层奖励和非学术奖励。这不仅是因为高校秉承着素质教育的出发点和落脚点,同时马克思主义认为,要注重量变,量的积累才能有质的飞跃,坚持两点论和重点论的统一,高校奖励要注重百花齐放和特色发展相结合的工作方法。无论是哪一种横向奖励,都是从一个方面或是全方面考察和评定个人或集体的优异成绩,并且按照高校教育的实时发展而更加科学全面。

三、高校大学生奖励制度的意义

高校大学生奖励制度是通过一套理性化的制度来反映激励主体与激励客体相互作用的方式。高校大学生奖励制度的构建是以制度化建设为基础,以大学生为中心,以大学生的发展为主线,以培养大学生的主体性为目的。作为一种高效的管理机制,它势必会产生深远的教育意义。

(一)提高高校管理者教育引导效果

奖励制度是高校管理机制中行之有效的一种引导教育的方式和手段,思想政治教育者的工作重点就是要教育引导学生沿着预设目标方向不断发展。奖励制度可以说是一条快速绿色通道,用激励的方式达到育人的目的,彰显高校教育管理活力。

1.有利于高校教育资源优化配置

高校大学生奖励制度作为教育资源,具有导向性。充分发挥高校现有的教育资源,合理利用和控制教育投入,以提高教育资源利用率,培养优秀人才,全面贯彻教育方针。

2.有利于提高教育管理水平

高校大学生奖励制度作为高校工作管理的一种手段,其高效科学运转需要高校各个制度、规定形成一个相互交织、共同协作、环环紧扣的链条,高校管理者对其进行宏观调控。奖励制度的推进可以为管理者提供快速有效的学生工作管理依据,提高学校的管理水平,促进学校管理的科学化、合理化,提高教育质量,增加教育效果。这必然会推动学校管理者尊重教育教学规律,不断总结经验,改进教育教学管理工作。

（二）创造自我激励的良好校园氛围

高校大学生奖励制度的目的就是用对成绩优异学生实施奖励的制度实现高校的有效管理。这有利于培养学生积极探索的学习精神，求实务实的科学态度，勇于开拓创新的竞争意识，严肃认真的治学风格，团结友爱的协作作风和营造良好的校风学风。在这种良好氛围的引导下，受教育者受到教育、影响和洗礼，加之奖励工作的进行、激励效能的辐射，使受教育者形成自我激励的学习情绪和主动进取的积极性，并且稳定持续地发展下去。良好的外因与积极的内因相融合，有利于学生的长远发展。

（三）适应精英教育向大众教育融合转变

素质教育要求我们全面培养多方面高素质人才，这里全面不仅指的是教育的深度，也包含了教育的广度。奖励制度的完善让表现突出的学生得到应有的奖励，其他学生也能发挥所长，让精英教育与大众教育相融合。二者齐头并进，沿着国家制定的教育方针政策之路奋勇前进，对于高校体育体系的发展和完善具有深远的意义。

第二节　高校学生奖励制度存在问题的解决路径

随着我国市场经济的快速发展，大学俨然是国家富强的重要保证，而高校教育的发展、校园的良好运行更离不开高校大学生奖励制度的建立和完善。然而，目前我国高校大学生奖励制度存在一些问题，它甚至已经不能很好地适应当今高校的发展。因此，这里从以下几个方面找出解决问题的途径：奖励制度的体制建设，是奖励制度运行的有力保障和参考依据；奖励制度的思想认识，是奖励制度在思想上的深入准备；奖励制度的评定系统，是奖励制度得以长效有机运行的内在因素；校外教育结合奖励制度，是奖励制度更加完善的外在条件；不断拓展奖励制度新思路，是使奖励制度保持动态活力的源泉。完善高校大学生奖励制度，构建科学的奖评系统，与时俱进地改革创新，不拘一格地建立培养人才的奖励新机制，对于我国高校教育来说具有重要的现实意义。

一、高校大学生奖励制度要坚持的原则

"无规矩不成方圆。"研究高校大学生奖励制度先要把握其理论原则，同时紧紧依靠马克思主义观点、立场和方法，秉承科学严谨的方法和标准，严肃活泼地坚持奖励制度原则，以全面生动地落实高校大学生奖励工作。

（一）坚持公开、公平、公正原则

坚持公开、公平、公正是高校大学生奖励制度最基本的原则，也是保障高校大学生奖励制度能够持续稳定地开展和运行的前提，是进一步促进教育公平的重要体现。公开包括两个方面：首先，高校奖励体制、奖励明细公开。即奖励是什么，为什么奖励，都奖励谁，怎样才能获得奖励，在奖励的前期就要做好公示、公开工作，让大学生有计划、有目的地"量体裁衣"。其次，奖励工作的过程和结果公开。对于怎么去评定的某项奖励和评定奖励的最终结果，更要全面地公开，让学生明白学校评定奖励的步骤，最后看看自己有没有中榜，为什么中

榜和为什么没有中榜。公平旨在强调每个人在奖励制度面前的平等权利,人人平等,机会均等,避免不公平对待。公正是指在奖励制度面前要维护正义,防止徇私舞弊,建立良好的竞争机制。

(二)坚持以人为本原则

以人为本的原则符合国家培养高素质人才的蓝本,合乎人才成长的客观规律。高校教育管理应该逐渐从社会本位价值观向满足社会与个人的平衡发展过渡,把学生的全面发展作为高校发展的终极目标。高校大学生奖励制度中以人为本的需要,就是实现自我价值的需要。自我价值得到认可,被正确地评价,与高校教育发展目标相结合,是实现奖励制度的最根本途径。

(三)坚持适量适度原则

马克思主义认为,事物是质和量的统一体,认识事物的量才能准确地认识事物的质,在实践中要掌握适度原则。高校大学生奖励制度也同样要遵循适度适量的原则。奖励名目的设立不是越广越好,奖励人数也不是越多越好。奖励被控制在一定的范围内,才能保持自身存在的意义,若超出了特定的范围,它将会向对立面转化。奖励的数目、奖励的多少、奖励的范围,都是需要从教育管理的环节中细细把握的,在保持奖励的适度的范围内,既要防止"过",又要防止"不及"。去掉了该奖励的名目或是该被奖励的学生没有得到奖励,容易使其产生前功尽弃的消极心态,亦是不可取的。因此,保持奖励工作平稳持续、健康发展,是奖励工作的重点。

(四)坚持差异性原则

坚持差异性原则即注重学生的个体差异。人与人之间本就存在着个体差异,这就是要培养高素质全面发展人才的原因。素质教育使受教育者全面健康地发展,而在非素质教育中,个性发展很难受到重视,不同的个性需求也很难得到满足,而是常常被扼杀在摇篮里或遭到强烈排斥和修正,这与高校大学生奖励制度的公开、公平、公正原则,以人为本原则相悖。而今的奖励制度中,学生的个性发展得不到彰显,因为在"顺风倒""一刀切"的教育方式引导下,学校变成了整齐划一的流水线。因此,在日新月异的当下,我们更要大胆地赏识个体差异,尊重个性发展,积极地对待求同存异,在奖励制度评价系统的标尺内勇于挖掘新型人才。

(五)坚持多元奖励原则

人的第一需求是物质需求,这是毋庸置疑的,但同时也要考虑到精神层面的需求。学生的需求是多元的,并且趋于务实,奖励如果仅仅是物质奖励或者是精神奖励,这种一元奖励机制过于单一,不能满足个体的多元需求。所以一元奖励机制往往造成奖励效果微弱,也无法提高教育管理效率。因此应坚持多元奖励原则,满足学生的多元需求,物质奖励与精神奖励双管齐下,更加重视精神层面的嘉奖,充分调动人的主观能动性,全面调动学生的积极性,提高奖励制度的效能,实现学生工作管理目的。

(六)坚持与时俱进、求实创新原则

创新是当今时代的主题,万事万物都离不开创新,高校大学生奖励制度亦如此。世界在

变,时代在变,学生在变,教育制度也要转变。那么作为高校一种行之有效的管理体制来说,与时俱进、求实创新是它永恒的主题。依据科学发展观,必须坚持全面协调可持续发展,按照人才发展要求,推进奖励制度随着高校实际情况改进发展完善,促进奖励制度的各个环节、各个方面协调发展。现行的奖励制度存在许多不合时宜的弊端,因此只有与时俱进地创新,才能真正地发挥其应有的激励作用。

二、深化对高校大学生奖励制度客体的认知

高校大学生奖励制度的客体即大学生。那么,深入了解当代大学生的思想特点及其心理变化是对他们进行正确引导的基础。大学生作为青年的代表,是未来社会建设的一支重要力量,大学时代又是大学生思想政治特点、人格品行和学识形成的关键时期,受高校和社会影响较大。当代大学生是在社会主义市场经济的建立和发展中成长起来的,在思想和行为上不可避免地受到社会主义市场经济和社会政治经济环境的影响,其中有积极的,也有消极的。主要特点表现为:有强烈的爱国热情,但又缺乏坚定的政治方向;理想信念与道德观趋向多元化;学习能力和实践能力的发展脱节;追求个性,但心理素质较差;情感丰富,但人际关系淡薄;就业困难,心理压力大。结合当代大学生的这些特点,有效地对他们进行教育指导,有助于提高高校思想教育的针对性和实效性。

(一)深入了解当代大学生的需求并重视其理想信念和精神能量

激励的第一基本要素是需要。所谓需要,是指人们对某种目标的渴求和欲望,是产生动机性行为的原动力。要想使奖励制度发挥最大效能,就必须深入细致地了解每位学生的需要,有针对性地引导其实现目标。大学生的需求主要呈阶段性变化,从新生入学对校园文化和人文环境的需求,慢慢地向专业知识和兴趣爱好的需求转化,再朝着自我肯定与他人评价的需求发展,最后过渡到实践能力与社会认同的需求。这种阶段性需求是由高校教育发展方针、学习程度、个体情况和社会需求等因素综合决定的,最终以实现自身价值为目标。有了需求便产生了动机,而作为高校思想教育者,要想有效地激发大学生成长成才的动机,充分发掘大学生的内在潜力,推动大学生向成才目标迈进,就要时刻督促、激发大学生的心理需求。

理想信念就是精神上的钙,没有理想信念,或是理想信念不坚定,精神上就会缺钙,就会得软骨病。重视大学生的理想信念和精神能量,是高校大学生奖励制度的一项重要工作,它对于当代大学生的成长具有非常重要的意义。首先,理想信念能够引导大学生做什么样的人;其次,理想信念能够指引大学生走什么路;最后,理想信念能够教导大学生上什么学。可以说,理想信念犹如深邃黑夜中一盏明亮的灯塔,有了信念做指导,大学生有目的、有计划地去实践;理想信念是激发大学生迎接挑战、克服困难、面对奖励等竞争机制的精神支柱和强大力量。

(二)引导大学生树立正确的竞争理念

奖励制度最主要的途径即为竞争。竞争是指个体与个体或群体之间试图超过对方、赢得胜利的心理或行为。竞争能使人勤奋勇敢、充满活力,推动个体快速发展。而过度竞争则

会产生很多负面效果,如长期焦虑、脾气暴躁、情绪紊乱、自我否定、自我放弃,甚至诋毁他人等。大学生在竞争过程中往往表现出两种反差较大的情绪。一种表现为情感强烈富有激情。这一部分大学生往往对既定目标比较执着、对评价结果期许较高。得到奖励,欢呼雀跃,反之则会造成愤怒激动、自我放弃的心理。另一种表现为对奖励激励呈消极心理。不参与、不竞争是他们对待奖励制度的态度。这势必会埋没人才,造成奖励制度不公平的假象,淡化奖励制度的功能,削弱奖励制度的效能。因此,消除大学生面对奖励制度的"亚健康状态",引导当代大学生树立正确的竞争意识,是实现奖励制度健康发展的重要保障。

1.引导大学生积极面对竞争

竞争是激烈的,但绝不意味着要在竞争面前消极被动。相反,我们应该采取积极的态度来面对竞争。失败并不可怕,可怕的是丧失了挑战的勇气。只要努力积极面对,就能够减少失败的因素,增加成功的机会。同时,要引导大学生坚信奖励制度的权威性和公平性。奖励制度的些许偏差可能导致大学生认为奖励制度不公平,也会造成大学生面对奖励制度的消极情绪。此时更要引导大学生重拾对学校、教育管理者的信心——奖励制度是公平公正的,只要努力付出,就会有属于自己的平台。

2.引导大学生重视过程

在竞争面前,较之结果而言,更要重视其过程。竞争的目标不是最终的得失,而在于在奋斗拼搏中提升自己。无论奖励结果如何,成与败都能丰富经验和积攒阅历,不能用一次失败来否定自己。只有在竞争过程中奋勇拼搏,才能迈向成功。

3.引导大学生树立合作竞争意识

竞争与合作是矛盾的统一体,两者既对立又统一,在社会政治经济飞速发展的今天,现代社会的竞争很多时候已不再是一场"你死我活"的生死之战,更多地表现为双赢。我帮你,你帮我,共同成长,共同进步,通过合作,实现更有效的竞争和发展。

4.引导大学生理性正视奖励结果

大学生中存在着自我评价过高的现象。竞争胜出,优越感倍增,容易产生骄傲、自满的情绪,进而缺乏进取的动力;竞争失利,容易产生不公平的情绪,对他人和竞争环境做出不恰当的评价,进而看不到自己的不足,迷失了前进的方向。同时,大学生中同样存在着看重金钱奖励的片面观点。其实,无论哪一种形式的奖励,都是对大学生自身价值的充分肯定,无论这种奖励是通报表扬、一纸奖状,还是奖金,都是受人尊敬的。因此,要引导一部分大学生消除"金钱奖励才是奖励"的错误观点,正确对待奖励结果。

奖励制度中的竞争就像是一场和自己奔跑的比赛,而规则是超越自己。正确地对待竞争,使每一个大学生在奖励制度的竞争中不断地提升自己,坚持不懈地奋勇向上,健康发展。

三、高校大学生奖励制度的优化、完善

奖励制度的优化升级,最重要的还是体现在奖励工作的运行过程中。认清奖励制度的合理地位,改善奖励工作的方式方法,完善奖励工作的内容,细致深入地体察整个奖励制度系统的细枝末节,抓住奖励制度的激励效能,使之贯穿于奖励工作的始末,不断层,不割裂,

以使整个奖励制度运行更流畅、更持续。

（一）确立奖励制度在大学生教育管理中的合理地位

奖励制度在学校管理中的运用主要是为了提升学校的管理效率，是为管理提供一个更好的手段和方式，是高效率实现学校教育管理目标的关键因素。高校大学生奖励制度作为大学制度中的一个子系统，其地位的重要性是不言而喻的。高校教育的每一个制度都存在着相互影响、相互作用的关系。奖励制度作为学生努力拼搏的助推器、辅助教育管理者进行引导的方式和手段，一直以来都不是独立存在的。它需要学校各职能部门积极配合，通力协作，以完成好奖励工作。高校工作管理者一定要对奖励制度给予充分的重视，做好奖励制度的每一项环节，发挥其应有的作用和功能。同时，也不能过分倚重奖励制度的牵引作用，甚至用奖励制度的评定结果来制约学生的学习和发展。奖励制度在大学制度中的作用是辅助性、引导性，而不是主体性，在教育管理职能面前完成好它的本职任务，不要喧宾夺主；置奖励制度于一个合理的地位，对于奖励制度发挥其应有的功能，具有重要意义。

（二）建立、健全高校大学生奖励制度

首先，要加强我国高校的大学生奖励立法工作，通过立法，使奖励工作有章可循，有法可依，同时也能通过立法，来增强各高校自主奖励制度管理的力度。其次，优化高校人才管理职能，强化各部门协调管理、政策法规制定、监督保障等职能。建立高校大学生奖励制度的权利清单和责任清单，清理和规范奖励的各项事宜。再次，保障和落实高校大学生奖励制度自主权，充分发挥高校大学生奖励制度的主导作用。改进高校大学生奖励制度的管理模式，建立动态调整机制，探索创新高校大学生奖励制度的办法。最后，健全高校大学生奖励制度管理服务体系，构建科学、规范、与时俱进的大学生奖励体系，完善人才供求和竞争机制，深化奖励服务机构改革，大力发展和谐、良好、有序的竞争氛围，放宽奖励结构限制。

（三）科学地建立奖励制度的标准完善评定系统

"制定好，准备好，不如做得好"，奖励制度亦是如此。要建立科学的大学生奖励制度，就需要较为完善的评价系统做保证，坚持以促进大学生的全面发展为根本，通过综合运用各种方法，激发和调动学生学习的积极性、主动性和创造性。大学生奖励制度建立完善评定系统的途径应从以下几个方面进行。

1. 民主选评公平、公正

奖励制度的公平、公正体现出教育管理的权威性和可信程度。第一，要做到办事公道、一视同仁地对待每一位学生，目标要明确，执行要公正，不要用有色眼镜去对待部分学生，严肃奖评过程，不讲亲，不讲情，让每一位奋发进取的学生都有得到奖励的均等机会。第二，要以民主管理为主，也就是说，要提高学生对校园奖励制度的参与度。大学生往往有着独立思考和分析事物的能力，追求美好的事物是他们迫切的愿望。让学生高度参与奖励工作，按照一定的标准参与民主评议，在此过程中充分调动广大学生的积极性，以使奖励过程更公开透明，结果更使人信服。榜样力量倍增，激励效能增强。

2. 及时奖励，充分发挥奖励效能

榜样是一面旗帜，榜样的力量是无穷的。在奖励制度的评定结果产生后，一定要做到及时奖励,宣传优异。只有及时对表现突出的学生加以奖励,才能发挥奖励的功效,增强受奖励者的信心,实时地树立典范,让榜样起到先锋模范的作用。

3.把握好奖励的度,不过不缺

坚持奖励工作的适度原则,优化奖励工作的效果。度就是指奖励工作中的奖励标准要适当。该怎么去奖励,给出多少奖励,都要明确。小成绩小奖励,不过不偏;大成绩大奖励,不缺不少,使受奖励者受之无愧,其他学生心服口服,这样才能起到奖励少数人、激励多数人的作用。

4.重视奖励的争创过程

坚持把争创奖励过程放在奖励工作的突出位置。在实际运用奖励制度的过程中,应重点考查学生对于该奖项的争创过程,增设"奋斗奖",而不是单纯地注重结果。因为,只有过程能体现育人的功能。优异的成绩可以充分说明学生的优秀表现,但由于个体差异,更要看到为了目标努力拼搏的"中下游"。把评定结果与进取过程有机地结合起来,在奖励名目上适时地增加一些"过程大于结果"的突出表现奖项,用以激励绝大多数学生,发挥奖励制度的作用。

5.重视舆论氛围的营造

坚持营造奖励良好的舆论氛围。奖励制度的效能之一就是通过奖励工作创造良好的校园环境,营造积极上进的学习氛围。不要轻视奖励发放,不能草草了事或是形式主义。珍惜每一次评定工作的尾声,它是奖励工作得以良性循环和发挥效能的重要环节和又一次开始。重视奖励工作的颁发环节,让学生知道什么是被提倡的,什么是被奖励的,什么是典范,什么是榜样。以奖励工作为突破口,将校园良好的校风、学风融入学习生活、学习中,形成一种活泼向上又不失严肃的氛围,自觉自治、积极向上,使每一个学生都能受到教育、影响、陶冶、洗礼和激励。

6.兼顾个性,向多元化奖励发展

坚持完善创新人才特色激励机制,努力向多元奖励名目发展。首先,要增设个性化创新能力奖励。当前,奖励名目因循守旧现象严重,有的奖励名目甚至十几年没有更换,它已不能很好地适应当今奖励制度的需要和发展。个性中包含着创新,创新中散发着个性,不要一味排斥学生发展中的个性,要提倡在一定的程度内自由发展,培养其创新能力。其次,要增设实践奖励。实践能力的培养在人才培养过程中越来越被重视,中国式教育往往造就了一批又一批"应试人才",而非真正的社会人才。奖励制度要顺应国家教育政策的方针指示与社会对人才的需求,努力引导大学生增加实践能力,增加适应社会的能力。最后,要增设除学业成绩之外的奖励名目。素质教育要求我们培养全面发展的人才,其中包括文体、纪律、素质、道德等方面,在奖励制度中也必须将影响人才发展的上述因素重点体现出来,坚持学术生活两手抓、道德素质要兼顾的办事方法。

7.双重奖励灵活运用

坚持物质奖励与精神奖励并重的奖励方式。今天,学校单一的奖励方式已不能满足大学生对奖励结果的需求。物质需求与精神需求并用的方式符合当下校园文化和学生的心理特点。在进行奖励工作的过程中,在一些奖励名目上,我们既要以奖金来满足受奖励者对奖励的物质性基本要求,又要大张旗鼓地弘扬正气,以满足受奖励者对奖励的精神层面的需求。物质奖励与精神奖励双向结合,才能达到完整的激励效果。

四、社会高度参与高校大学生奖励制度

每一位大学生都是生活在家庭和社会上的人,同样,高校大学生奖励制度如若没有社会和家庭的参与,也就割裂了人的本质。"学习社会化,社会学习化"正逐步成为现代社会和现代教育发展的重要趋势。高校并不是一个独立的教育机构,它与国家、社会、家庭都有着密切的联系。高校培养人才,最终是为社会输送人才,为国家服务,而社会能够持续健康地发展,高校优秀人才便是中流砥柱。奖励制度的校企结合,让校园更好地开放,社会更好地吸纳,以呈现出互惠共赢的局面。而对一个全面发展的人才来讲,家庭适当介入高校奖励制度的评价系统可使奖励评定更加有分量。学校、社会、家庭的相互作用和相互影响,在家庭和社会密切配合下开展奖励激励工作,对人才的培养有着重要的意义。

(一)社会应积极参与高校大学生奖励制度的评价系统

高校大学生奖励制度机制的建立和实行是为了贯彻国家素质教育政策,而其中重要的一点就是"素质教育要依据社会发展和人的发展的实际需要",社会需要是素质教育运行的动力源。也就是说,我国高校教育的主要目的就是为了让每一个学生走出校门之后能够适应社会的需要,满足国家对于人才的需求,完成高校教育机构的使命。当代大学将越来越难以提供人们期待的那种"社会地位配置"作用,而是不断"回归"教育机构的本质。高校教育帮助学生获得知识与能力,而学生运用知识和能力寻求就业,并逐步获得自己的社会地位。大学并不是直接提供工作和社会地位。大学的根本意义在于形成帮助大学生个体发展的人力资本,或者说是劳动能力,用这样的资本和能力谋取就业机会。事实上,高校在大学生就业过程中并没有退出舞台,反而扮演着越来越重要的角色,从不负责就业到积极参与学生就业,再到主动服务于学生就业的变迁过程,高校与大学生就业的关系越来越紧密。而面对这种大好的趋势,奖励制度更要与学生就业多多融合,这就不可避免地要加大社会对于高校大学生奖励制度的参与力度。当前我国高校大学生奖励制度中已有一些社会参与的奖励名目,比如企业面对高校设置的高新技术项目研发奖励,对于高端人才的免试录用奖励,社会团体赞助高校大学生奖励名目等,这些都是社会参与高校大学生奖励制度的形式,但终究没有形成一个系统的奖励评定制度。作为迫切需要人才的社会和企业,自新生入学就应与高校建立针对二者的奖励制度评定体系,把人才的培养与人才需求从"头"抓起,循序渐进地将自己的企业文化与校园文化相融合、校园竞争与人才选拔相转化,最大限度地寻求双方利益最大化,形成一个共赢的局面。社会和企业应不遗余力地利用本身的硬实力与软实力建立一个长期稳定的校企合作的良好奖励制度环境,注重有发展潜力的人才的储备,形成有效对接。对于奖励主体的高校来讲,不仅要在奖励名目上体现出与社会企业合作的联系,增加大学生的社会实践能力,更要适时地加大对社会、企业融入的开放力度,不拘泥于形式和手段,用社会上先进的理念来指导校园人才培养。

（二）努力向三位一体的综合评价系统转变

奖励制度是国家教育政策和校园文化结合下的主流产物，它已成为引导大学生学习、生活的主流因素，但这种因素不是单向的，也不能是单向的。学生往往在家庭、社会、校园中担负着多重角色，对于培养全面人才，家庭、社会都不可忽视地必将参与到高校大学生奖励制度中来。家庭是最初也是最重要的因素，家庭的结构特点、家庭的稳定性、家庭内部的主流思想意识、家庭教育方式等因素都会形成大学生最初的人生观。在这样的背景下，高校大学生奖励制度势必要将家庭因素充分地考虑到机制中来，让家庭因素也成为奖励制度评定系统中的一部分，完善高校评价系统。影响大学生学习、生活的不仅有学校、家庭，社会也是一个重要的因素。人无时无刻不跟社会发生着联系，社会的纷繁复杂冲击着每一个大学生的三观，社会道德、社会主流思想也极大地影响着大学生的发展。学校、家庭、社会本就是三位一体的关系，它们相辅相成，缺一不可。同样，在高校大学生奖励制度机制运行的整个过程中，都要将家庭、社会因素融入奖励制度中，一些家庭的、社会的需求也会在奖励制度中体现。重视校外教育，将高校大学生奖励制度的引导效能辐射到学校之外，构建学校、家庭、社会三位一体的有机奖励制度，全面引导塑造国家所需要的人才，促使其和谐健康发展。

五、新媒体的推动作用

当代大学生正处于以信息技术为中心、以建设信息公路为核心的新时代，新媒体无时无刻不充斥着他们的学习和生活，并且可以这样大胆地说，大学生是如此依赖新媒体所教授的知识。每一个大学也相继建立并逐渐完善本校的交流管理信息平台。通过管理信息系统，大学生可以直观、全面地查询通知、信息和成绩。而应该看到的是，关于学校奖励工作的通知比重较小，本应展示的奖励工作流程与结果却几乎没有公告，这就削弱了奖励制度的规范性、公开性、权威性和互动性。奖励制度的与时俱进必须体现在信息化上，这是民之所向的发展趋势，是现代化教育管理的要求。高校大学生奖励制度本身就是一种活泼生动的大学制度，给循规蹈矩的高效管理添上一抹亮丽的色彩，把新媒体融入高校大学生奖励制度中去，可增加大学生的兴趣爱好，拓宽大学生参与学校建设管理的平台，缩短学校与学生之间的互动距离，以达到完善高校奖励制度的目的。增加互联网对奖励制度评定的功用，公开展示评定过程和结果，注重实时更新评定信息，建立强大公信力的互动平台，接受并提供真实可靠的数据来源，规范奖励工作，增加大学生的参与性和互动性。利用手机微信、微博等App进行民主、公开交流，由传统的纸质投票转变为电子选评，由传统的口头传评转变为组群公评，不仅使评定工作更加权威和透明，同时也延长了奖励制度的效能，提高了制度活力。在奖励评定工作的舆论宣传环节，利用新媒体加强营造正面舆论、制造良好学习氛围的力度，把握正确的舆论导向，开展典型宣传工作，结合图片、影音等手段来刺激鼓舞大学生直观地感受奖励制度所带来的荣誉和积极进取的正面引导精神。

六、高校资助现状

在我国高校教育中，学生资助与社会公平和教育公平紧密相关。目前，在国家、高校和社会的共同努力下,高校资助机制不断完善,为更多家庭经济困难学生求学提供了坚强的后盾。

(一)资助政策的完善

1.资助政策进一步完善

政府在资助工作中要注意做好两方面的工作:一方面,通过政策加大财政投入,增加高校家庭经济困难学生资助比例并为其提供政策条件,提高资助效率和水平,不断完善资助制度和体系并加强管理监督等,最终实现家庭经济困难学生成长成才;另一方面,为促进和保证教育事业的可持续发展,需要不断地优化教育体系、教育结构以加强和维护教育公平。据统计,我国目前已有广西、贵州、山东和海南等十六个省份出台专业的资助政策,主要是为建档立卡的全日制在校学生制定。

2.政策体系更加健全

高校需要高度关注资助工作,以健全资助体系为重点,树立以学生为本的理念,建立和完善资助模式,提高对高校家庭经济困难学生的助学力度,以达到培养更多社会进步所需人才的目的。在高校资助工作中,我国实行多元混合资助体系。应不断完善国家奖助学金制度,经费合理分担,贯彻好师范生免学费、新生入学"绿色通道"、新生入学资助等政策措施,推进和完善国家助学贷款政策,鼓励和实施捐资助学的相关政策,完善职业教育,设立助学管理机构,做好勤工助学、学费减免等工作,完善公民信用体系等。政府的管理和引导作用主要体现在其为高校资助制度运行提供的外部环境。政府推动和主导着教育体制改革或经济体制改革。资助工作在深化推进过程中遇到的各种困难和问题都需要借助政府的力量来化解。

(二)学生资助内涵更加丰富

1.由保障型资助向发展型资助转变

学生资助形式逐渐转变,发展型在不断地取代传统的保障型。此外,高校在进行资助工作的过程中,需要长期坚持德育教育。德育教育是一项潜移默化的教育工程,在社会生活中无处不存在德育教育的素材,学生资助工作应充分挖掘其正面价值,正确引导并树立学生知恩感恩、关爱他人、诚实守信和自立自强的品德,让学生在接受国家和社会关爱的同时,懂得把关爱、感恩传递下去,并立志自强不息,这是资助体系的实质目的,也是教育的现实价值。

在国家资助政策的指导下,增加来自社会各界的资助和支持,为了达到最好的资助效果,高校应当量化资助模式。在管理各项资助金下发的过程中,也要注意做好监督管理,保证资助金额能使用好、管理好、发放好,真正下放到经济困难学生手中。高校应增强学校的实力,吸引具有社会责任感的企事业单位、社会机构组织团体、校友和爱心人士等社会力量加入到资助工作中,在校内设立资助项目,支持学校教育的发展,资助经济困难学生求学。在高校资助工作具体实施过程中,要注意建立管理机构,健全该工作的运行机制,坚持以培养学生为根本,加强育人工作队伍和组织机构建设,加强组织领导,稳固高校家庭经济困难学生资助工作的基础。

2.全面推进精准资助

为了保证资助政策的良性运行,政府部门必须充分发挥其作用,建立健全高校贫困生资助机制,完善政策体系,推动全社会参与贫困生资助。高校资助涉及面广,具有复杂性和系统性,需要由高校组织成立以校领导为首的资助工作机构,同时设立学生资助中心,由团委、学生处、教务处、后勤处、财务处等学校相关职能部门辅助配合,并在校内各院系中成立学生资助分支机构。以院系领导为首,各年级辅导员辅助,各班级班长和团支书配合工作,及时了解和收集家庭经济困难学生资料信息,建立家庭经济困难学生资料库,设立联络员、心理咨询员等,随时了解听取家庭经济困难学生的建议和意见,从上而下地参与到资助工作中。在进行资助过程中,考虑经济和贫困生比重等因素,注意资助资金向经济落后地区学生倾斜,更大范围地覆盖家庭经济困难学生;加强与地方相关部门合作,为家庭经济困难学生建档立卡;采用多种措施和手段,合理科学实施贫困生认定工作和资助项目发放;按经济困难程度,分档分阶段发放资助金额等。

第三节　高校资助机制存在的问题及原因分析

一、高校资助工作管理存在的问题

(一)资助政策落实不到位

我国教育事业把帮助家庭经济困难学生作为工作的重中之重,并提出了"帮助一个贫困生,国家将多一个人才"的口号,高校资助工作也应当响应国家资助政策要求。据此,高校应设置专门的组织机构。该资助组织机构应按照该校全日制在校学生人数的百分之二十配备工作人员来具体负责该机构的运行,然而,很多高校目前并未设置该机构,或者只是设置了空壳组织,并未配备专门的人员,与国家要求有很大的差距。高校资助工作是一项量大面广、政策性强的民生工程,没有配置专门的机构人员,要做好资助工作犹如纸上谈兵。除了机构和人员的设置,在经费上国家要求高校应从该校的事业费中提取百分之四到百分之六的学生经费专门用于家庭经济困难学生的资助工作,但这项工作很多高校同样达不到标准。资助工作要扎实有效地运行一方面需要制度的保证,另一方面也需要经费、机构和人员的保障,否则资助工作难以实行。

(二)贫困生认定机制不健全

我国高校根据国家对贫困生的认定文件不断地摸索,逐步探索出一套适用于本校的贫困生认定机制和方案。目前,我国高校普遍采用的模式是:"学校颁布贫困生认定机制——学生自主申请——学校审核认定。"在执行过程中,由于一些人为、信息不对称或机制不健全等因素的影响,容易出现问题,这些问题总结起来包括以下几点:

1.认定概念模糊,缺乏量化、统一的标准

在我国经济社会发展过程中,很多地区经济发展不平衡,同时,家庭经济困难学生、贫困生概念模糊。高校的学生来自全国各地,种种因素使得高校对贫困生的认定变得更为复杂,

难以用定量的标准和科学的方法来认定,在操作过程中会面对更多不确定性因素。因此,高校在审核认定过程中普遍以主观判断、传统经验为主。

2.难以判断认定材料的真实度

国家、高校为了能帮助更多的困难学生,逐年增加奖助学金比例。在利益驱使下,部分非贫困学生为了获得学校的资助而弄虚作假,增加了贫困生认定工作的困难,蒙混过关或者存在很大水分的虚假材料也使得认定工作举步维艰。

3.评议小组的形式存在弊端

高校普遍规定,贫困生的认定评议小组由学生组成,小组里的学生成员参与评议和公示等程序。由学生组成评议小组参与评审能使得结果更客观、监督更到位,但也存在种种的弊端:申请者被贴上贫困生的标签会伤害到部分不愿意公开家庭情况或家庭困难学生的尊严;自强自立意识较强的家庭困难学生为了维护自己的尊严,拒绝怜悯和同情,会拒绝申请;在评审过程中,一些学生拉票、个人偏好等因素容易导致评议不公。

4.认定程序不规范,主观性强

在评审过程中,除了学生提交的书面认定材料,班上的学生干部和同学以及辅导员对贫困生的日常观察很大程度上影响着认定的结果。由此而来的认定结果存在很大的偏差,一方面,辅导员与学生的接触与对学生的了解非常有限,因此,辅导员判断带有很大的片面性;另一方面,学生干部和申请者的关系、感情的亲疏或多或少会影响其评议,最终影响评判结果。这种认定过程和程序并不规范且带有很大的主观性。

(三)资助项目设置不合理

高校为了使学生在学习过程中形成良性的竞争,不断提升自我、完善自我,并且奖励综合素质优秀的学生,实行的奖励制度和资助大多是建立在综合素质测评之上的。但在具体的实行过程中,这一制度出现了以下问题:

1.缺乏统一、系统的资助体系

资助政策的实施推动着大学生资助工作的开展,但是在高校中,资助体系缺乏一致性和系统性,会影响资助的效果和资助的力度,甚至出现不公平等不良现象。在奖励和内部管理这两方面最能体现出资助系统的这一问题。

在资助和奖励方面,国家、高校及校友、企事业单位、社会团体和个人等以各种名义设立的奖助学金金额越来越大,种类越来越多,设立的每项奖助学金的目的不同、奖励的对象不同,并且各项奖助学金相互独立,容易导致同一个学生申请多项奖助学金,占用其他学生的奖助学金名额,也会导致优秀的学生没有获得奖学金或者没有获得相对应的奖助学金。这样缺乏科学系统和行之有效的管理,会导致问题不断出现,不利于实现奖助学金的激励作用。

在资助体系内部管理方面,资助部门相对分散,除了高校校内统一的奖助学金外,来自校友、企事业单位、社会团体和个人的奖助学金同时存在,奖励种类繁多,申请条件参差不齐,缺乏系统性,缺乏行之有效的监督管理机制,管理混乱,难以实现奖励的最终目的。

2.奖励项目设置落后

高校里现有的奖助项目往往忽视了特殊群体而与社会发展脱节。奖助学金的设置不能忽视特殊群体的存在,各种特殊群体结合起来也是一个不能忽视的庞大群体,如来自贫困地区的学生,来自少数民族地区的学生等。教育要体现公平性,奖助学金更要体现公平性,所以在设立奖助学金时应该充分体现出国家和学校对特殊群体的关怀和关注。

现有的奖助项目从设立之初至今修改力度不大,评比标准和设立的目的都是针对过去社会环境和社会人才培养目标。但是社会在不断地进步,国家在不断地发展,针对原来的目标和标准设置的奖项已不能适应现代社会的发展,也不能适应现代社会对人才培养的要求。因此,高校在设立奖助学金项目时,种类、申请条件和评比条件的设置应当根据社会、国家的需求不断地调整,以适应社会发展的要求。

3.奖励目的难以实现

奖励目的难以实现主要体现在参与评选主体、参选程序和形式三个方面。

首先,由于在奖助学金评选前,学校对相关的奖助制度、奖助项目及申请条件、申请时间等宣传不足,通知不到位,在申请和评选过程中缺乏规范,存在问题,导致学生整体参与度低,关注奖助学金相关信息的学生少,起不到激励全体学生参与评选的作用。参与的主体少、不积极使得奖助学金促进进步的目的难以实现。

其次,在学生参选程序方面,奖助学金的参选程序缺乏合理性,缺乏有效的监督管理。各种类型的奖助学金参选程序参差不齐,管理不规范,评选不一致,容易产生反复评选等重复工作。同时,在评选过程中,评选程序不透明,忽视公开、公平原则,容易出现同一个学生重复参评不同的奖项,占用其他学生参选的名额,出现不公平现象。不透明、不公开的机制容易导致评选过程中出现专权现象,原本由多人评选、评选小组评选变成由个别人员审定。另外,在评选过程中,评选过程不系统、评选时间长等问题都会大大降低评选的可信度和参与度。

最后,奖助学金在形式上虽然表现为物质鼓励,但设置的主要目的是为了在提供物质资助的同时鼓励学生理性竞争,激发学生不断进步,不断完善自我。随着时间的推移,奖励精神层面的作用逐渐被忽视,物质层面的作用不断加强,使得奖励的目的难以实现,无法从精神层面上促进学生的学习,提高学生的精神境界。在资助过程中,奖助学金的实施出现以上问题时,我们以物质作为奖励形式的同时要注重思想层面的引导,提高学生的学习积极性,避免把资助工作变得物质化和低俗化。

二、高校资助工作管理存在问题的原因分析

(一)国家资助机制不健全

高校资助工作实质是国家政府、企事业单位、社会团体和个人等资助主体把经济资源通过教育系统提供给学生。国家资助具有政策公共产品的属性,其属性决定了国家在资助政策中占有主导性的特征,决定了政府部门在资助政策制定和执行过程中的主导地位。为了保证资助政策的良性运行,政府部门必须充分发挥其作用,建立健全高校贫困生资助机制,

完善政策体系,推动全社会参与贫困生资助。此外,国家应出台有关资助项目的法律法规,用法律的手段保障资助项目,为资助工作的开展提供良好的环境。

资助体系包括资助项目、资助内容、资助方式、资助者和受助者等要素。各要素之间若存在信息滞后、信息不对称等问题,都会产生道德风险和逆向选择,使资助目的受到极大的削弱。资助体系合理构建和有效运行有利于信息的甄别和传递。

(二)学校资助机制不完善

随着社会的发展,制度更新速度缓慢,我国高校中普遍存在制度不完善、资助机制滞后的问题,主要表现在以下四个方面。

1.管理制度不完善

资助系统的管理制度包括家庭经济困难学生认定办法、资助手段、资助项目管理和资助准则等。

在高校家庭经济困难学生认定中,普遍采取的模式是"学生个人申请——提供家庭经济困难证明——测评小组民主评议——学校审核认定"。这一流程表面上看似规范,实则存在弊端,会给弄虚作假之人提供可乘之机,滋生不良的风气。一般高校的资助管理办法中都明显呈现出无偿给予的特点。例如,从高校的助学贷款和勤工助学、无偿资助这些资助工作来看,高校的助学贷款对违约、贷款金额和期限、申请条件等做了严格的规定,普遍是学生自主提交申请——学校审核审批——银行审核通过办理的流程。在提交申请中就要求学生提供详细的资料,在贷款和还贷过程中,一旦学生出现违约行为,银行将依法处理其违约行为,这极大地影响了学生的个人信用。在法律约束的情况下,仍然有不少学生违约,究其原因,最大的问题是高校在资助过程中缺乏道德诚信的教育,且监管机制不能约束、控制学生遵守合约。

另外,普遍地,高校都存在勤工助学项目,并对勤工助学的日常管理、岗位、酬金、人员要求等都做了详细明确的规定。但勤工助学往往是育人和用人相分离,且存在岗位少、岗位层次低等现象,用人单位往往要求勤工学生完成工作,而忽略了精神层面的教育,很大程度上阻碍了资助能效的发挥。

高校资助的过程中容易忽略培养学生的责任观念。对违规行为没有对应的惩罚措施或处罚力度低;不约束受助学生对资助资金的使用;没有形成制度,也没有明确规定受助学生该履行的义务和责任。

2.育人工作监督管理不完善

高校在对家庭经济困难学生进行资格认定的过程中缺乏有效的监督管理机制,同时不能有效监督资助工作者的育人行为,缺乏监督资助的后续工作。

3.缺乏完善的保障制度

在保障制度上,物质来源渠道较窄,资助主体单一。目前,我国高校资助的物质渠道主要来源于政府,社会资助非常有限,而且不均衡。同时,资助工作主体主要是来自高校的教师和辅导员,并没有专门负责人员,教师和辅导员受专业性和时间、精力的限制不能对资助发挥最大的能效,使得资助的效果大打折扣。

4.缺乏完善的考核评价制度

我国对高校资助工作的考核评价指标主要是依据学校给予学生提供经济资助的金额和人数,忽略了被资助学生精神层面、思想行为、学业技能等的评价。另外,考核评价原则单一,不注重资助过程和外部评价。

(三)学生求助心理不积极

对于家庭经济困难学生的资助工作,经济资助是手段,精神育人才是工作的根本。高校对经济困难学生认定的程序一般是:学生本人自主提出书面申请,提交证明材料;班级民主测评小组根据申请的情况和申请的资料进行评审认定,通过评审认定人员材料提交院系;院系资助工作小组及领导进行评审认定,审核通过人员材料上交学校。在评审过程中,最关键的环节是班级测评小组的评审,班级测评小组成员来自班级,对本班同学的学习情况、家庭经济情况最了解。班级测评小组容易发生舞弊行为,若是测评小组成员在测评过程中存在私心,就不能实现资助的实质目的,容易使得经济困难学生不愿意主动申请资助,求助心理不积极;同时也会影响班级的团结和凝聚力,严重的还会导致班级同学之间产生矛盾——互相猜忌、指责、埋怨、甚至谩骂。

在某些高校里,高额的国家助学金每年都吸引很多学生申请,但同时也存在很大一部分经济困难学生不愿意申请。深究其原因主要是在以往的国家助学金申请、评定和发放过程中,存在一些受助学生并不懂得感恩和不上进,理所当然地认为学校、国家应当给予支持和补助;某些受助学生拿到资助款项后,把钱挥霍一空,并没有把资助款项应用到学习和生活中去;一些学生由于能得到国家无偿的助学金补助,不再自立自强地进行勤工助学。这些行为所衍生出的不良风气,贫困生、家庭经济困难学生这些名头带来的负面影响和评价,使真正自立自强的经济困难学生为了避免遭受这些负面名声的影响,也为避免外界的怜悯和同情,即使家庭经济再困难也不愿意去申请资助,求助心理不积极。

第四节　高校资助机制建构实现的路径及对策

一、建立健全政府资助机制,推动全社会参与贫困生资助

(一)将资助形式从无偿内化为有偿,建立长期有效的扶贫助困机制

由于我国相关制度不完善,且无偿资助操作简单,也最直接有效,所以目前我国资助方式主要采用无偿资助。助学贷款制度在我国高校开始普及实施,逐渐向生源地与高校助学贷款并存过渡,由于生源地和高校之间信息获取的差异,政策不断地在调整。助学贷款是免息贷款,高校学生在毕业后需要分期偿还贷款,这要求学生做好个人信用管理和资金使用管理。

我国高校资助工作可以通过鼓励高校挖掘校内资源和校外资源,要求学生参与劳动和工作来获得补助,把资助形式从无偿内化为有偿,避免学生产生不劳而获的心理,培养学生自立自强的精神。

(二)提升资助工作人员的专业化水平,完善机构设置

我国高校资助体系设置较为完善,在整个体系正常运作的情况下,信息传递快速有效,虚假信息容易被鉴别和识别出来。在机构设置上需要解决的问题是内设机构,政府应倡导高校按照资助体系建立的初衷,设置专门的资助机构来负责,保证资助工作的有序运行。

通过交流学习、专业技能培训、激励约束等方式促成资助工作人员的业务能力,加强业务素质、增强责任心和工作主动性,使得资助机构高效运转。

(三)在资助工作管理中逐步引进社会力量

我国社会机构团体能参与的资助工作仍然停留在资金资助层面,资助工作的具体实施还是学校和政府处于主导地位。在引进社会力量方面,我国可以借鉴国外的资助体系,成立国家主控的社会团体组织来实施资助工作,政府和社会团体组织之间是雇佣关系,社会团体组织的资金管理和服务态度更到位。

资助金的主要来源是政府资助,但良好的风气和氛围却离不开社会关怀、慈善文化。良好的社会氛围能够促进人与人之间的和谐友爱,能使人胸襟更宽广,这有利于获得良好的资助效果。在社会大环境的影响下,越来越多的企事业单位、社会团体和个人参与慈善事业,使得高校的资助工作更加多样化,也能引导学生形成正确的价值观念。目前,国家需要健全社会慈善事业管理制度,用制度约束行为,避免衍生出不良风气。

(四)促进政府信息公开,设立长效宣传机制

应使资助政策和信息、参与评选条件、冒领或骗取资助金的处罚等相关资助政策信息得到公开并广泛传播。因为在强大的资信力量下,政府和学校、社会、学生之间信息不对称和滞后问题就能得到解决,这对带有不良想法的申请者也起到了警醒作用,让其能更清楚地认识到自身行为带来的危害。简而言之,在政府和社会的有效宣传下,学生清楚采用虚假信息套取、骗取资助金的行为所应受到的惩罚,也意识到该行为所要付出的代价远远比不正当得到的资助金更大,那么就有助于学生的诚信。

二、建立健全高校资助机制

家是人生的第一所学校,父母是孩子的第一任教师,家庭经济困难的父母比普通家庭的父母更艰难。高校在传授学生知识的同时要更多地教育学生,让他们认识到幸福生活来之不易,要懂得知恩、识恩、感恩、报恩,要懂得回报父母;同时也要意识到,在成长过程中,除了父母的关爱,还有社会、国家和他人的关爱,要有传递感恩的意识,并自觉承担起传递关爱的责任和义务。思想上的改变不能一蹴而就,感恩教育需要从小和长期潜移默化地影响,也需要社会、学校和家庭各方面相互配合和支持。

(一)师生合作,关注学生心理健康

高校需要高度重视资助工作,要把以学生为本的理念贯穿育人工作的始终,加强人才队伍和组织机构建设,提高组织领导能力,夯实工作基础,保障家庭经济困难学生资助工作的实效。高校的学生来自全国各地,每位学生的原生家庭环境都不一样,这导致了资助工作的复杂性,也要求资助工作系统、科学。

相对于来自普通家庭的学生,经济困难的学生在求学过程中面临着更大的心理、学习和生活压力,现有的资助项目能够在很大程度上帮助学生解决经济、物质方面的问题,但在心理精神层面上,国家、社会和高校还缺乏有效的措施,不能及时正确引导经济困难学生,容易使其产生不良的心理问题,对其未来发展可能产生负面的影响。高校资助工作需要培养身心健康的人才,在资助工作中,不单要解决经济问题,还要及时了解关注其心理、思想问题,以便及时沟通疏导,恰当做好心理健康辅导工作,重视思想方面的帮助,为经济困难学生成长成才提供更好的条件,付出更大的努力。具体工作措施可以参考以下三点:

第一,高校在每年的新生入学期间普查每位学生的心理健康状况和家庭经济状况,对家庭经济困难学生的心理健康状况和家庭情况进行深入了解,建立资助档案,定期对其经济和心理状况进行跟踪了解。

第二,学生在校期间,积极开展心理健康教育,及时解决其心理问题和思想困惑,培养学生自强自立的精神,引导其对自身和对社会形成正确认识。

第三,高校需要设立专门的家庭经济困难学生心理辅助中心,通过学校、院系和班级三个层次的育人工作,及时了解、关心存在心理问题的学生、定期排查其心理健康状况和不定期进行思想交流工作,让经济困难学生得到经济资助的同时也能解决心理上的困扰和思想上的烦忧。

(二)家校合作,创造良好家校资助氛围

科技在不断地发展,社会在不断地进步,在竞争激烈的时代里,成长在经济困难环境中的学生承受着更多生活、学习、心理以及人际交往的压力,然而压力增加的速度往往快于他们的抗压能力的增长。要解决家庭经济困难学生所面临的问题,为其创造良好的学习环境,不能单从物质上出发,还要从心理上解决他们的问题。经济困难学生一般性格比较内向,较为敏感冲动,抗压能力较低、情绪波动较大,难以以积极的心态去面对突发事件。长期负面情绪的积累会使他们产生更多的问题。经济困境会造成学生在求学过程中巨大的心理压力,从而引发心理问题:过度的自卑与自尊交错、抑郁与焦虑共生、妒忌和怨恨交织、孤僻与封闭并存、愧疚与无奈相伴等,这一系列问题并不是单靠学校就能解决,需要家长和社会共同关注。

高校单单依靠对经济困难学生在校内的经济资助、心理健康辅导,并不能完全解决学生的心理问题,学校还应当与学生家长主动沟通,深入了解学生的心理问题。子女从小与家长生活在一起,家长最了解子女,最容易捕捉子女心理、思想动态。所以,高校的资助工作者要深入了解经济困难学生的思想状态,使高校资助系统更好地发挥育人的功能,必定要加强与学生家庭、学生家长的沟通。总而言之,高校应该建立与家长长期有效沟通的机制,确保资助工作取得最优的效果,具体实施情况如下:

1.高校与家长建立有效的沟通机制

由于时间和地域的限制,与家长沟通交流可以选择以电话联系为主。高校在新生入学期间应当及时留下学生家长的联系方式并建档保存,建立家长联系电话目录,整理汇总贫困生家长联系方式,单独编制并建立专门的联系档案。在往后的资助工作中,及时更新、修正、

删减和增加经济困难学生名单、信息和联系方式。为了保障学生的隐私，在做这一工作时必须要做好信息资料的保密工作。资助工作人员定期与家长沟通交流，获得相关资料信息，建立相关档案，做好谈话记录，以备日后及时跟进了解贫困生的心理状况，同时也为解决学生心理问题提供参考资料。另外，一旦发现经济困难学生出现心理问题，要及时查找原因，加以开导，并快速联系其家长，加强家校合作。

2. 在条件允许的情况下，高校可以建立定期家访制度

实地走访，走进学生生活的家庭中去，与家长面对面进行沟通和交流，深入经济困难学生的生活环境，以便在出现问题的时候更好地找到解决的对策。家访制度的实施不能单靠资助工作者的自觉性，还需要学校的管理和监督、指导和规划，这样才能有效地推动家访制度，家校之间才能进行有效的沟通和交流。访谈需要有专业的技巧才能达到目的，高校应对资助工作进行专门的沟通技巧培训，同时不定期地召开研讨会，把成功案例和典型案例拿出来共同分享、讨论，积累经验。在建立家访制度的同时也应当设立相应的监督管理机制。

3. 及时纠正不良思想

一旦在与家长沟通的过程中发现家长存在不正确的思想，要及时地进行纠正和引导，帮助经济困难学生去除不良心态和思想，树立正确的世界观、人生观和价值观。例如，有些父母为了减少子女的负担选择向子女隐瞒家里的经济状况，自己辛苦维持表面的小康水平。这种做法对于懂得感恩、孝顺父母的学生可以采用，但对于学习懒散、生活散漫、责任感不强、不懂感恩的学生，应当让其清楚了解家里的经济状况，激发其上进之心。要注重培养学生的感恩意识。通过感恩教育帮助学生意识到人与人、人与社会之间各种权利和义务关系。让学生懂得父母的养育之恩；让学生看到社会、国家和学校对其的关爱；让孩子看到自身努力的同时也清楚别人的付出。高校资助过程中加强宣传正面积极事件的力度，用这些事迹来引导学生，例如"感动中国"的到贵州支教的贫困生徐本禹、自强不息的洪战辉等。除此之外，一些家长也存在着依赖的思想，依靠国家和学校解决家庭经济问题，缺乏凭自身努力改善经济困难状况的动力。家长的思想很容易影响和传递给学生。高校在与家长交流沟通的过程中也要消除这一类想法，正确引导和提醒家长这种心态不利于培养学生自信、自立、自强的精神，容易对其产生负面影响，也不利于学生的身心健康成长，更不利于学生的成才。高校应通过与学生家长的沟通，及时跟进学生的思想动态，让学生认识到艰苦奋斗和自立自强精神的重要性。学校和家庭共同努力，正确引导，让经济困难学生能正确认识经济困难，正视贫穷，坦然面对贫困，明白贫困并不可耻，激发其乐观向上的生活态度，并帮助其塑造自爱、自强、自尊和自立的强大内心世界；帮助他们不断完善自己，树立远大、高尚的理想，最终成长为懂感恩、能承担责任的新一代社会所需的人才。

（三）校企合作，全面拓宽资助途径

资助工作需要学校的努力，需要学生家庭的配合，也需要来自社会力量的支持。高校资助中很大一部分的资助资金来自国家，但也有一部分资金来源于社会。来源于社会的支持和援助能扩大高校资助资金的渠道，资助主体也能通过资助有效地提升其知名度和社会影响力。校企合作，全面拓宽资助途径，不仅补充了高校资助资金，也扩大了受助群体。

1.高校需设立专门的机构管理来自社会各方面的资助

高校要提高办学质量,不断培养出优秀的人才,提高学校的知名度,在社会上有一定的影响力。高校增强自身的实力,吸引具有社会责任感的企事业单位、社会机构组织团体、校友和爱心人士等社会力量加入资助工作中去,在校内设立资助项目,支持学校教育的发展,资助经济困难学生求学,帮助更多的家庭经济困难学生顺利完成学业,成长为社会所需的有用人才。

2.加强多元化资助,做好监督管理工作

在国家资助政策的指导下,增加来自社会各界的资助和支持。为了达到最好的资助效果,高校应当量化资助模式。在管理各项资助金下发的过程中,也要注意做好监督管理,保证资助金额能使用好、管理好、发放好,真正下发到经济困难学生手中。

3.在做好资助工作同时也要做好资助反馈工作

在各种资助项目的资助金额发放完成后,资助工作机构应及时进行调查,做好反馈工作,找出该期的资助工作中的不合理方面,不断修正不合理的地方,为往后工作提供经验。同时,公布学校资助工作机构的联系方式,包括办公地点、联系电话、信息发布网站以及咨询反馈邮箱等,接受校内学生和校外人士的监督和反馈。学校资助工作机构应该在受助学生和社会资助力量之间架起一座沟通的桥梁,即社会资助人士的良好精神和愿望能通过一定的渠道传达给受助学生,激发学生在行动和精神上积极向上,同时能清晰地把资助资金的使用情况和学生对其的感恩之心反馈给社会资助人士,激发他们的社会认同感和社会责任感,从而形成一个良性循环。

高校资助贫困生的举措蕴含着人文关怀和品德教育。国家、政府机构、学校和社会各界通过资助学生,改变其生活状态,规范其道德行为,甚至改变家庭经济困难学生的人生轨迹。资助体系中资助项目众多,普遍性的资助项目和临时性的资助项目相结合,实现教育的持续性与资助的阶段性相结合,能力上锻炼学生、经济上帮助学生、精神上鼓励学生。既从物质上资助困难学生,又从精神上教育学生的资助政策体系,使受助学生能怀着感恩之心,拥有阳光健康的心态,主动走向社会,去体验丰富多彩的生活,加深对国家、民族的认同感,促进其树立科学正确的世界观、人生观和价值观。

(四)学习借鉴国外先进资助理念

发达国家物质充足,对于教育事业投入大,他们同样也非常关注资助工作的持续性。例如,美国的大学工读计划鼓励学生在求学期间,利用自己的业余时间去劳动来获取报酬。学生在课余时间参加与课程相关的工作或参与社区服务工作可按小时或月获得相应的酬劳。在分配工作时,资助主体会充分考虑学生的受助金额、学术进展和上课时间,让学生能在更大范围内选择适合自己的工作,也能通过劳动赚取自己所需的生活费甚至学费。通过这样的方式帮助家庭经济困难学生增加收入、完成学业,也能锻炼学生的能力,鼓励学生参加社会实践,丰富课余生活,正确地引导学生。

此外,爱尔兰有推迟付费性资助、自主性资助和赠予性资助三位一体的政策。推迟付费性资助是指让学生先求学,完成学业进入社会工作后开始偿还教育成本的方式,需要偿还的

教育成本资助包括毕业生税和贷学金等。自主性资助是指学生凭借社会和政府提供的劳动机会,主要是通过给在校学生提供的勤工助学机会,让学生通过自己的劳动解决个人的经济困境。赠予性资助,是指捐赠者为帮助大学生完成学业,无偿地赠予资金。高校在实施资助政策的同时,多鼓励家庭困难学生主动申请助学贷款,积极参与勤工助学,努力学习,争取获得来自国家、学校和社会多种资助款项,努力完成学业,摆脱家庭经济困难。

美国的 PHE 项目是由福特基金会资助,从培养贫困生未来发展的角度来培养学生个人能力,并有针对性地帮助高校贫困生解决在学习、社会交往、环境适应和求职就业中遇到的各种问题。如借助团体训练、技能培训、实践活动和心理辅导,帮助贫困生克服心理障碍和解决心理问题,培养他们的自立意识,提高他们的心理素质,提高他们的生存能力、创新能力、交际能力和社会服务能力,使其掌握谋生技能,从根本上解决其经济困难问题,让贫困生通过自身的努力创造财富,为他们的成长成才打下扎实的基础。我国高校在实施资助政策过程中,应鼓励学生有针对性地选择适合自身的资助项目,争取在获得资助的过程中也能提升个人的综合技能,能在社会竞争中取得优势。

国外的资助经验普遍是立足于帮助学生持续而全面发展而探索出的资助方式,与我国资助政策相吻合,与资助目的相一致,把无偿的物质资助内化成技能创造,解决学生经济困难的同时促进学生的内在发展,为构建持续发展性的资助体系提供了有效的借鉴。

三、关注贫困生心理,树立积极求助观念

从古至今,教育的目的主要是促进个体发展。根据传授知识的形式,教育可以分为隐性教育和显性教育。学生在学校里学习知识和技能等属于显性教育;进行资助工作的同时,加强育人工作,在经济上解决学生困难的同时加强学生诚信道德品质的培养,正确引导学生的思想观念等属于隐性教育。"两手都要抓,两手都要硬"方针同样适用于教育。

(一)关注困难学生的心理,适时进行疏导和鼓励

高校家庭经济困难学生是有较高的精神追求和文化素养、内心敏感而复杂的特殊群体。实行资助工作要注重建立权利和义务相对应的机制,除了从经济上保障他们的权利,还要了解他们的内心世界,挖掘他们的潜能,加强沟通交流,适时进行疏导和鼓励,充分发挥资助的功能。

高校需要培养家庭经济困难学生自立自强的精神。高校部分学生特别是新生,面临突然改变的生活和学习环境,心理上或多或少有不适应,缺乏应变和面对挫折的能力,缺少面对现实的勇气。针对这种情况,高校既要及时让经济困难学生了解国家政策,清楚国家每年都投入大量的教育经费,出台各种资助政策,从经济和精神层面支持和帮助经济困难学生完成学业;也要关注经济困难学生的心理,引导经济困难学生走出负面消极的情绪,以积极乐观的心态面对困难,勇于依靠自己的力量解决困境,摆脱"等、靠、要"的不良思想,努力争取依靠奖学金、勤工助学等方式解决经济困难。高校通过疏导和鼓励,让经济困难学生意识到暂时的经济困难并不可耻,反而应该成为个人奋发向上的动力,而且这种经历也是人生的一笔财富。家庭经济困难的学生往往都具有吃苦耐劳、勤俭节约的美好品质,这有利于他们的

成才。学校和社会在为学生提供资助时要及时地引导学生,让其了解他人的资助并不是理所当然的,也不是怜悯施舍,而是国家和社会的关爱;也应帮他们树立传递关爱和感恩的信念,让他们懂得权利和义务是对等的,激发其努力学习的动力,以回报社会。另外,要注重培养经济困难学生诚实守信的品德。高校的在校生正处于世界观、人生观和价值观的形成期,高校应适时加以引导,把诚信教育渗透到日常教育教学,纳入日常教育管理;在普法知识教育中使学生懂得违规违法所需要承担的责任,教会他们诚信做人,知法守法。

(二)建立德育教育长效机制

目前我国很多高校在思想道德教育中仍存在很多不足之处,学生容易因家庭经济困难而产生自卑心理,也容易出现抑郁、自闭等不良心态。在学生成长的过程中,长期受到不良心理因素影响会造成三观扭曲。高校在进行资助工作的过程中,需要长期坚持德育教育。德育教育是一项潜移默化的教育工程,在社会生活中无处不存在德育教育的素材。学生资助工作应充分挖掘德育教育的正面价值,引导学生树立知恩感恩、关爱他人、诚实守信和自强自立的品德,让学生在接受国家和社会关爱的同时,懂得把关爱、感恩传递下去,并立志自强不息,这是资助体系的实质和目的,也是教育的现实价值。

(三)树立积极的资助观念

积极的资助观念有利于提高资助效果。政府部门在执行资助政策时应发挥主体地位,制定公平、公正的规则。资助政策执行的重要环节是学校,学校对资助的观念和态度在很大程度上影响着学生资助工作的效果,学校的积极参与能使资助工作更深入学生群体,使资助工作取得良好的效果。高校需要充分发挥资助项目的功能,如助学金和奖学金,在效率和公平上寻找平衡点,使用助学金帮助家庭经济困难学生,激发其奋发向上的精神。

参考文献

[1]梁迎春,赵爱杰.高等教育管理与质量评价研究[M].西安:西安交通大学出版社,2017.06.

[2]王向红.中国高等教育评估质量保证研究——元评价的视角[M].北京:中央编译出版社,2017.03.

[3]张耀嵩.高等职业教育办学体制机制研究[M].上海:复旦大学出版社,2017.06.

[4]涂阳军.高等教育质量评价方法与案例[M].长沙:湖南大学出版社,2016.01.

[5]王卓.高等教育质量评价研究[M].长春:吉林大学出版社,2016.11.

[6]阳荣威,陆启越,邹作鹏.比较视域下的高等教育质量保障研究[M].长沙:湖南大学出版社,2016.01.

[7]席成孝.高等教育质量"第三方评估"机制研究[M].西安:西北大学出版社,2016.11.

[8]吕红.高等教育质量标准体系评价与创新研究[M].北京:科学出版社,2018.12.

[9]谭顶良.高等教育心理学[M].南京:南京师范大学出版社,2018.03.

[10]周明星.藩篱与跨越高等职业教育人才培养模式与政策[M].武汉:华中师范大学出版社,2018.10.

[11]王资,周霞霞,王庆春.高等职业教育内涵式发展评价研究[M].重庆:重庆大学出版社,2018.12.

[12]闫宁.基于职业能力培养的高等职业教育学生学业评价研究[M].汕头:汕头大学出版社,2018.12.

[13]易凌云.互联网教育与教育变革[M].福州:福建教育出版社,2018.06.

[14]杨大鹏,马亚格,罗茗.高校学生工作管理创新研究[M].北京:北京理工大学出版社,2019.10.

[15]孙建齐.学校管理工作与学生心理健康教育[M].长春:吉林文史出版社,2019.03.

[16]赵晨.高校学生管理工作的创新研究[M].长春:吉林出版集团股份有限公司,2019.11.

[17]梁书杰.高校学生工作模式与管理方法研究[M].长春:吉林科学技术出版社,2019.10.

[18]胡睿.新时代大学生管理工作的探索与实践路径[M].北京:中国水利水电出版社,2019.01.

[19]周丹丹.新时期高校学生事务管理工作探索[M].贵阳:贵州科技出版社,2019.08.

[20]侯瑞刚.新时代高校学生管理工作创新研究[M].北京:中国水利水电出版社,2019.01.

[21]李璞.新时代高校学生事务管理工作创新研究[M].长春:吉林出版集团股份有限公司,2019.01.

[22]冯引.大学生思想教育与管理工作创新研究[M].哈尔滨:黑龙江教育出版社,2019.01.

[23]张微.高校学生工作的社会工作参与[M].北京:中央编译出版社,2019.09.

[24]黎海楠,余封亮.高校学生管理与和谐校园[M].长春:吉林出版集团股份有限公司,2019.07.

[25]贾素娟,杜钰,曹英梅.学生教育与教学管理研究[M].北京:中国商务出版社,2019.05.

[26]李玲.高校学生管理工作创新研究[M].长春:吉林人民出版社,2020.01.

[27]杨金辉.校园文化建设和学生管理工作的互动机制[M].北京:原子能出版社,2020.03.

[28]宋丽萍.新媒体环境下高校学生教育管理工作创新研究[M].长春:吉林大学出版社,2020.07.

[29]张晓英.新时期高校学生管理工作探索研究[M].长春:吉林科学技术出版社,2020.08.